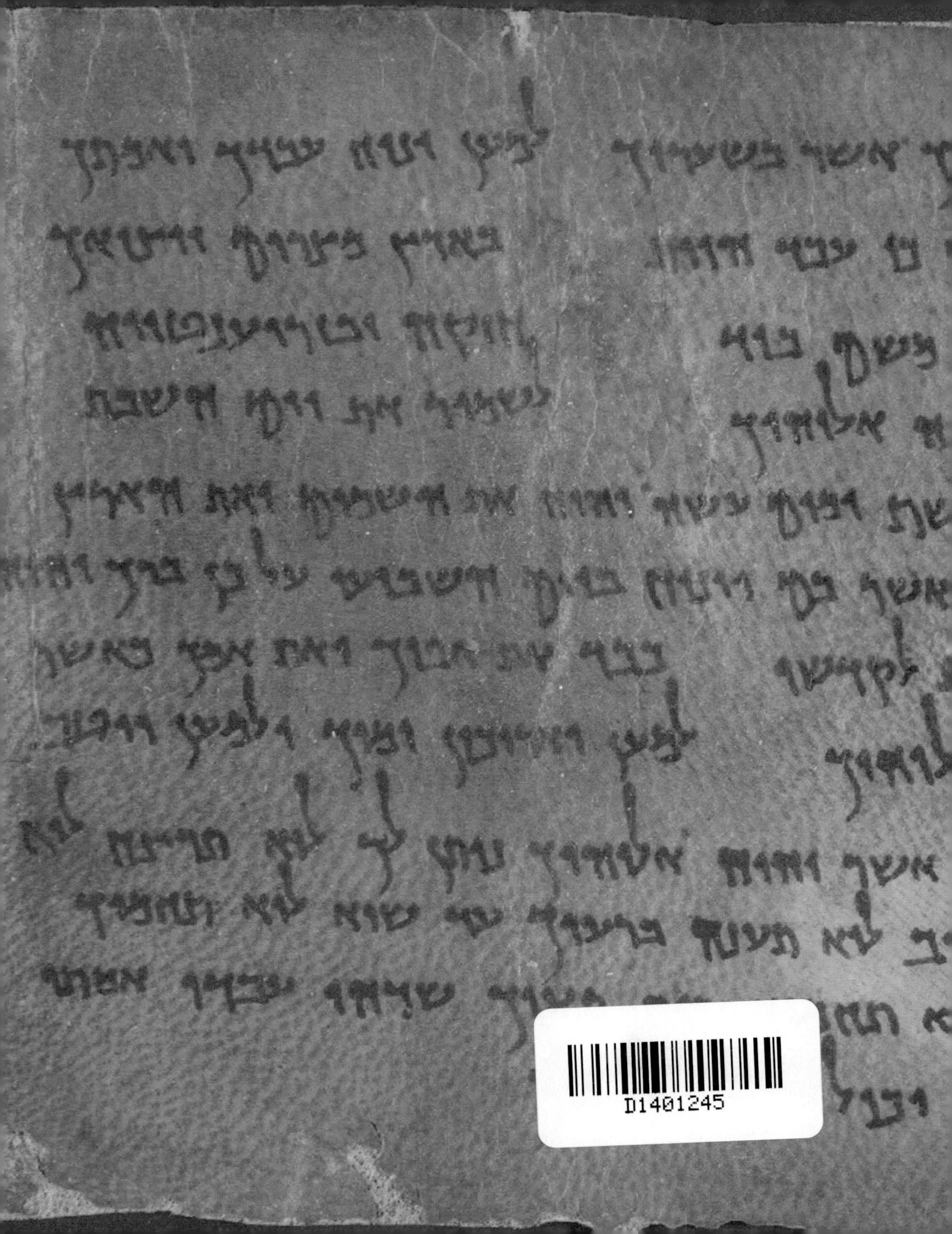

לביא רוח עשו ואדום

באת בכות וימיך

וישו וכוריעגעטוי

לושעד את רוד וישת

ויראה אף אישעל את רודה יורא את וארץ

ויור בוק וישבעע על כן ברך ויוד

ככף ער אתוך ואת אף כא אשר

לעך וריוטן ועוך ופלע רודבע

אל תריצת

על שוא אל תצודך

אשו ואעכך בראך ער שוא אל תצודך

אמת אשו

בשעד אשר בשעוך

עד עבד וורל

עשם בוך

ע אלוזך

שת רוח עשו עשו

אשו בם רוח

לקדשו

לואוך

אשך ורואו אשר

כי לא תעוע ברוך

רודמן

ובדל

LOS ÚLTIMOS DÍAS DE JESÚS

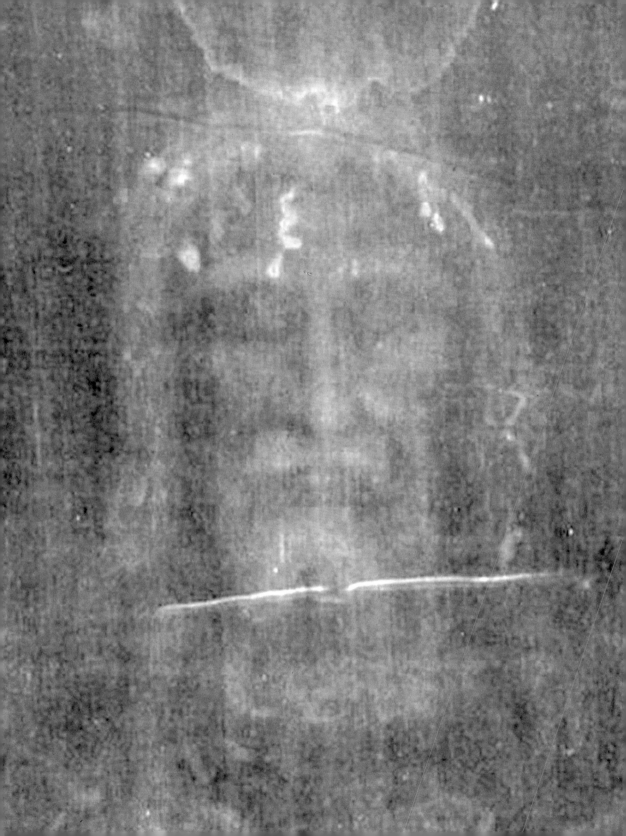

LOS ÚLTIMOS DÍAS DE JESÚS

SU VIDA Y SUS TIEMPOS

Bill O'Reilly

traducción de Carlos Uxó

con ilustraciones de William Low

Henry Holt and Company

✦ NUEVA YORK ✦

Henry Holt and Company, LLC
Compañía editorial establecida en 1866
175 Fifth Avenue
New York, New York 10010
mackids.com

Henry Holt® es marca registrada de Henry Holt and Company, LLC.

Agradecemos afectuosamente el permiso recibido para utilizar las siguientes imágenes (a pie de foto se añaden créditos adicionales): Endpapers (Qumran Caves Scrolls) de Shai Halevi, cortesía de la Autoridad de Antigüedades de Israel. Imágenes en la página 283 (arriba) y páginas 286–297 de Geoff Robinson; página 283 (abajo) y página 298 cortesía de la Biblioteca de Arte Bridgeman; página 284 cortesía de Biblioteca del Congreso. En las páginas 8, 15, 39, 266–67, y 285 se incluyen mapas diseñados por Gene Thorp. En las páginas 252–253 y 278 se incluyen mapas diseñados por Elisabeth Alba.

Información del Catálogo de Publicación de la Biblioteca del Congreso
O'Reilly, Bill.
[Last days of Jesus. Spanish]
Los últimos días de Jesús : su vida y su tiempo / Bill O'Reilly ;
con ilustraciones de William Low.—First Spanish language edition.
pages   cm
ISBN 978-1-62779-278-3 (hardcover)—ISBN 978-1-62779-280-6 (e-book)
1. Jesus Christ—Biography—Juvenile literature.   I. Title.
BT301.3.O7413 2015   232.9'01—dc23   [B]   2014043836

Los libros de Henry Holt se pueden adquirir para uso comercial y promocional. Si desea información sobre compras al por mayor, póngase en contacto con Macmillan Corporate and Premium Sales Department, llamando al (800) 221-7945 x5442 o por email en specialmarkets@macmillan.com.

Primera edición en inglés—2014
Primera edición en español—2015
Basado en el libro *Killing Jesus* de Bill O'Reilly, publicado por Henry Holt and Company, LLC.
Diseñado por Meredith Pratt
Impreso en Estados Unidos por R. R. Donnelley & Sons Company, Harrisonburg, Virginia

1   3   5   7   9   10   8   6   4   2

Para Madeline y Spencer,
que siguen el camino de Jesús

LIBRO UNO

LIBRO DOS

EL JOVEN JESÚS DE NAZARET

JESÚS EL PREDICADOR

CONTENIDO

LIBRO TRES

LA ÚLTIMA SEMANA DÍA A DÍA

NOTA A LOS LECTORES

En el principio . . .

JESÚS DE NAZARET ES SIN DUDA UNO DE LOS HOMBRES MÁS influyentes que ha vivido jamás. Mucha gente está convencida de que es el número uno en esa lista. Casi dos mil años después de su brutal muerte a manos de soldados romanos, más de dos mil millones de seres humanos se esfuerzan por seguir sus enseñanzas y creen que es el Hijo de Dios. Yo soy uno de ellos, un católico romano educado en escuelas religiosas.

Pero también soy un historiador que investiga la verdad sobre gente notable. Eso es lo que he hecho en este libro. Creo que para entender lo que Jesús consiguió y por qué pagó con su vida, tenemos que entender qué estaba pasando en su entorno. Era la época en que Roma dominaba el mundo occidental y no permitía discrepancias. La vida humana valía poco. La esperanza de vida era menos de cuarenta años y mucho menos si por alguna razón enfadabas a los romanos.

Para obtener datos sobre la vida de Jesús, miramos a los

Evangelios del Nuevo Testamento, crónicas escritas por cuatro de sus amigos. Es cierto que estas narraciones se centran en la evidencia de que Jesús fue Dios, pero en ellas también podemos deducir datos sobre su vida y tiempos. Además, los romanos guardaron registros precisos de su tiempo y algunos historiadores judíos también escribieron sobre los eventos de aquellos días.

A partir de todo esto, he apilado información y escrito un libro basado en hechos sobre Jesús el hombre. No abordo aquí a Jesús como el Mesías, sino como un hombre que inspiró a unas personas en un área remota del Imperio Romano al predicar una filosofía de paz y amor, lo cual al mismo tiempo le granjeó enemigos muy poderosos. Esta es una historia violenta sobre el castigo que este hombre recibió porque irritó a la clase dominante en el gobierno y en su propio templo.

No sugiero que lo sé todo sobre Jesús. Hay grandes lagunas en su vida y a veces solo puedo suponer lo que le pasó, basándome en la mejor evidencia posible. Las fuentes que he usado para investigar la vida de Jesús así como otros libros, páginas web, y DVDs que pienso que pueden resultar de interés aparecen en una lista en las últimas páginas de este libro.

Esta es una historia de la lucha entre el bien y el mal. Gracias por leerla.

Nueva York
Abril 2014

PRINCIPALES PERSONAJES

LA FAMILIA DE JESÚS

JOSÉ: Marido de María

MARÍA: Madre de Jesús

JESÚS

DISCÍPULOS ORIGINALES DE JESÚS

MATEO: Recolector de impuestos.

SIMÓN (a quien Jesús renombró Pedro): Pescador y una de las personas más cercanas a Jesús; muy activo predicando a los judíos tras la muerte de Jesús.

ANDRÉS: Hermano de Simón, discípulo de Juan Bautista y después de Jesús; también pescador.

JUDAS ISCARIOTE: El único discípulo originario de Judea; traicionó a Jesús por treinta piezas de plata.

FELIPE: Pescador; predicó en Samaría tras la muerte de Jesús.

BARTOLOMÉ (o Nathanael): Observó y escuchó a Jesús antes de convertirse en discípulo.

TOMÁS: A veces llamado "Tomás el que dudaba" porque cuestionó la divinidad de Jesús.

JUDAS (O TADEO): Hermano de Santiago el Menor.

JUAN EL APÓSTOL: Hermano de Santiago el Mayor; se le considera la persona más cercana a Jesús; vivió muchos años.

SIMÓN EL ZELOTE: De Caná; se cree que fue un zelote, un miembro de un grupo extremadamente nacionalista que odiaba la ley romana.

SANTIAGO EL MAYOR: Hermano de Juan; uno de los más cercanos a Jesús.

SANTIAGO EL MENOR: Hermano de Judas Tadeo.

ESCRITORES DE LOS LIBROS DEL TANAJ, O BIBLIA HEBREA, QUE PROFETIZABA LA VENIDA DE UN SALVADOR

MOISÉS: Lideró a los israelitas en su salida de Egipto (y la esclavitud) en torno al año 1440 a.C.

DAVID: Rey y poeta que vivió en torno al año 1000 a.C.

OSEAS: Rey que vivió aproximadamente entre el 750 y el 715 a.C.

MIQUEAS: Vivió en torno a 750 a 686 a.C.

ISAÍAS: Vivió en torno a 740 a 681 a.C.

ZACARÍAS: Vivió en torno a 520 a 480 a.C.

PATRIARCAS DEL PUEBLO JUDÍO

ABRAHAM: Según la tradición judía, el primero en creer en un solo Dios.

DANIEL: Judío cautivo en Babilonia que interpretaba sueños y hacía profecías.

DAVID: Segundo rey de los israelitas, poeta, y antepasado de Jesús.

ELÍAS: Profeta que anunció la venida del Mesías.

ISAAC: El hijo de Abraham que estaba dispuesto a morir sacrificado para probar su fe.

JACOBO: Uno de los hijos de Isaac; considerado el padre de los judíos. Sus doce hijos fundaron las doce tribus de Israel.

JEREMÍAS: Profeta que previno de la destrucción de Jerusalén y el Primer Templo, las cuales más tarde presenció.

MOISÉS: El profeta que recibió los Diez Mandamientos de Dios y condujo a los judíos fuera de Egipto.

SANSÓN: Hombre de extraordinaria fuerza que salvó a los judíos de los filisteos.

SALOMÓN: Hijo de David; tercer rey de los israelitas y constructor del Primer Templo.

GOBERNANTES Y ADMINISTRADORES ROMANOS EN TIEMPOS DE JESÚS

CÉSAR AUGUSTO: Emperador del 27 a.C. al 14 d.C.

TIBERIO: Sucedió a Augusto como emperador, cargo que ocupó del 14 al 37 d.C.

PONCIO PILATOS: Prefecto (gobernador) romano de Judea entre el 26 y el 36 d.C.

HERODES EL GRANDE: Reinó como rey de la provincia de Judea del 37 al 4 a.C.; reconstruyó y renovó el Segundo Templo en Jerusalén.

HERODES ANTIPAS: Uno de los hijos de Herodes el Grande; tetrarca, o administrador, de Galilea del 4 a.C. al 39 d.C.

SACERDOTES DEL TEMPLO Y GRUPOS RELIGIOSOS:

ANÁS: Patriarca Sumo Sacerdote; suegro de Caifás.

CAIFÁS: Sumo Sacerdote del Templo; perteneciente a una familia de sacerdotes.

JOSÉ DE ARIMATEA: Saduceo rico e influyente, quien se convertiría en discípulo secreto de Jesús; donó la tumba para el cuerpo de Jesús.

NICODEMO: Influyente fariseo que cuestionó a Jesús y se convirtió en discípulo secreto.

FARISEOS: Sacerdotes menos pudientes y más liberales.

SADUCEOS: Sacerdotes de familia noble que creían al pie de la letra la Ley Mosaica.

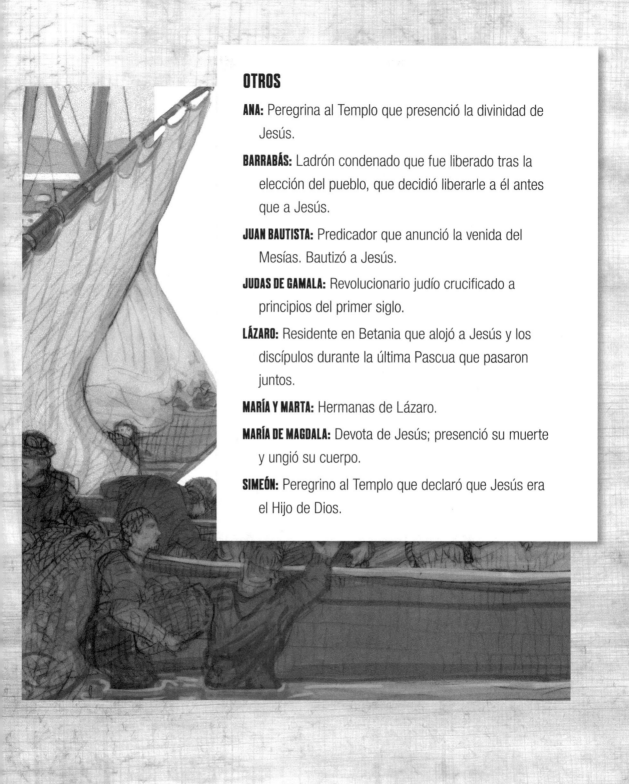

OTROS

ANA: Peregrina al Templo que presenció la divinidad de Jesús.

BARRABÁS: Ladrón condenado que fue liberado tras la elección del pueblo, que decidió liberarle a él antes que a Jesús.

JUAN BAUTISTA: Predicador que anunció la venida del Mesías. Bautizó a Jesús.

JUDAS DE GAMALA: Revolucionario judío crucificado a principios del primer siglo.

LÁZARO: Residente en Betania que alojó a Jesús y los discípulos durante la última Pascua que pasaron juntos.

MARÍA Y MARTA: Hermanas de Lázaro.

MARÍA DE MAGDALA: Devota de Jesús; presenció su muerte y ungió su cuerpo.

SIMEÓN: Peregrino al Templo que declaró que Jesús era el Hijo de Dios.

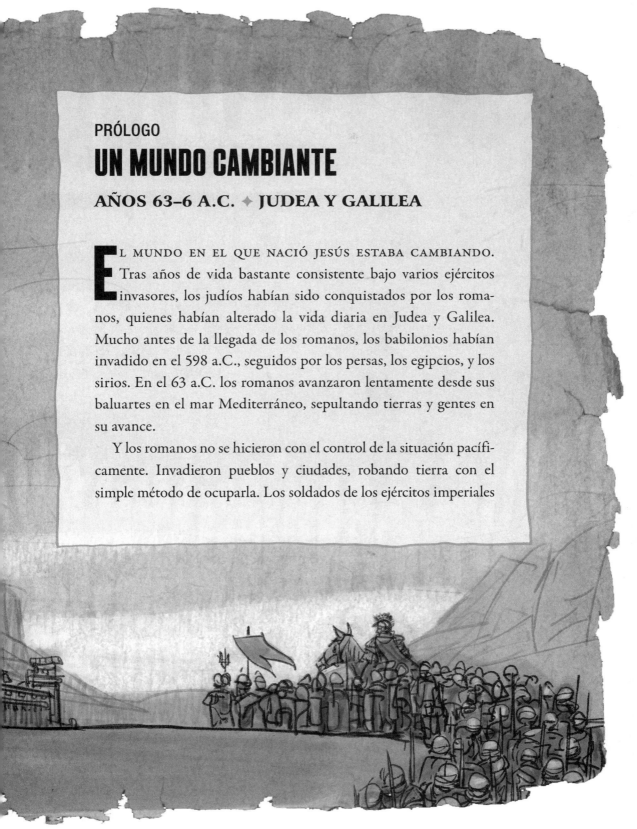

PRÓLOGO
UN MUNDO CAMBIANTE
AÑOS 63–6 A.C. ✦ JUDEA Y GALILEA

EL MUNDO EN EL QUE NACIÓ JESÚS ESTABA CAMBIANDO. Tras años de vida bastante consistente bajo varios ejércitos invasores, los judíos habían sido conquistados por los romanos, quienes habían alterado la vida diaria en Judea y Galilea. Mucho antes de la llegada de los romanos, los babilonios habían invadido en el 598 a.C., seguidos por los persas, los egipcios, y los sirios. En el 63 a.C. los romanos avanzaron lentamente desde sus baluartes en el mar Mediterráneo, sepultando tierras y gentes en su avance.

Y los romanos no se hicieron con el control de la situación pacíficamente. Invadieron pueblos y ciudades, robando tierra con el simple método de ocuparla. Los soldados de los ejércitos imperiales aplastaban a cualquiera que se les enfrentara o se pusiera en su camino, incluso si pertenecían a grupos tradicionalmente considerados a salvo con invasores civilizados: mujeres, ancianos, y niños.

Los conquistados que eran capturados pero no matados durante las invasiones romanas pasaban a ser esclavos. La economía del Imperio Romano dependía de los esclavos para plantar y cosechar lo que necesitaban sus vastos territorios y para trabajar produciendo artefactos como jarras y otros productos de barro. A quienes no habían luchado y vivían en pequeños pueblos como Nazaret se les permitía quedarse a plantar sus tierras y trabajar en los trabajos artesanales que conocían. Sin embargo, el gran cambio consistía en que ahora tenían que acumular dinero en forma de monedas para pagar impuestos a Roma y las tasas del templo a la jerarquía judía en Jerusalén. Durante cientos de años antes de que esto

Grabado antiguo de soldados romanos en uniforme de batalla.
[Archivos pictóricos North Wind]

ocurriera, un granjero pagaba una parte de su cosecha como impuesto a sus gobernantes. Trocaba comida por servicios como la reparación de un techo o bienes como un cabrito. Pero la economía de Judea y Galilea había cambiado. Los impuestos y las tasas eran tan altos que alguna gente tenía que cambiar toda su cosecha por monedas y no tenía suficiente comida para alimentarse. La mayoría de la gente sufría en silencio. Unos cuantos valientes (o locos) se atrevían a hablar.

Bajo el dominio romano, a menudo se usaba a las personas rebeldes o evasoras de impuestos como ejemplo para los demás y en ocasiones recibían el castigo más severo: la crucifixión. Judas de Gamala fue uno de esos rebeldes. Judas era un hombre culto, marido, y padre, que anhelaba criar a sus hijos en un mundo mejor, una Galilea gobernada por judíos creyentes en lugar de marionetas de los romanos que paralizaban a Judas y su pueblo con impuestos insufribles. Judas viajó por pueblos agrícolas y puertos pesqueros, predicando un mensaje de revuelta entre los empobrecidos campesinos, instándoles a no pagar los impuestos a Roma o dar una porción de sus ganancias al templo en Jerusalén. Comparó los impuestos a una forma de esclavitud y animó a los judíos como él a levantarse contra sus opresores. Y dijo que reverenciar a César Augusto y a Roma en lugar del Dios único y verdadero era pecado. Los romanos quizás hubieran considerado a Judas como un loco religioso si no hubiera organizado un ejército de campesinos y el derrocamiento violento del gobierno de Galilea, apoyado por Roma. Esa acción conllevó una respuesta inmediata: Judas de Gamala debía morir.

Por orden de Herodes Antipas, el tetrarca o administrador de Galilea que trabajaba para los romanos, los soldados capturaron a Judas y se inició el proceso de su crucifixión. A fin de disuadir a otros disidentes, se animó a la multitud a que viera la agonía de Judas. Jesús y otros muchos galileos presenciaron tal horror.

✦　✦　✦　✦　✦

Los soldados de Antipas desnudan completamente a Judas de Gamala en el patio del palacio. Le obligan a que se arrodille, de cara a un poste bajo. Le atan a este poste con las manos por encima de la cabeza. Dos soldados toman látigos de mango corto, cuyas cintas de cuero acaban en bolas de metal y huesos de carnero. Los soldados se colocan, listos para golpear la espalda de Judas por turno, inclinándose hacia él en cada golpe con toda su fuerza. Con cada latigazo, las tiras del cuero van abriendo la piel y los músculos, al mismo tiempo que el metal y el hueso provocan profundas contusiones.

Judas grita agónicamente, y los soldados fustigan su cuerpo de nuevo. Evita insultar a los verdugos, puesto que solo le traería más golpes. Aguanta la tortura. Rápidamente, Judas está cubierto en sangre.

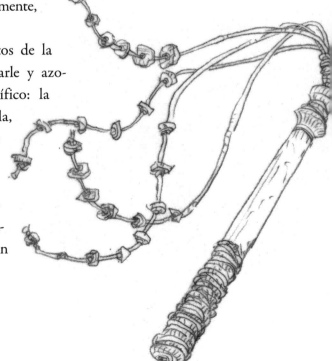

Como con otros aspectos de la ejecución romana, desnudarle y azotarle tienen un fin específico: la desnudez pública humilla, mientras que los latigazos acaban con la disposición de Judas, de manera que no ofrecerá resistencia cuando llegue el momento de clavarlo a la cruz. La crucifixión al estilo romano no solo es una brutal manera de matar, sino también un proceso de destrucción mental y física de la víctima, tanto si es un hombre, como una mujer o un niño. Judas no será nada más que una cáscara vacía para cuando cuelgue de la cruz.

Judas de Gamala yace inerte y sangrante después de los latigazos. Entonces, los soldados sacan un madero tallado irregularmente y lo lanzan al suelo. A pesar de la sangre que cae por su espalda, obligan a Judas a ponerse de pie. Sus verdugos ponen el madero lleno de astillas sobre sus hombros. Este se convertirá en el crucero del crucifijo y, como todos los hombres condenados, Judas tiene que llevarlo fuera de los muros de la ciudad a un lugar en el que un poste vertical constituirá la segunda parte. Se le clavará a la cruz y se le dejará morir. Le romperán las piernas para hacer el tortuoso proceso incluso más penoso. Quedará colgado a la vista de miles de personas. Judas estará muerto para cuando caiga la noche, si tiene suerte.

La historia de la ejecución de Judas será compartida entre los judíos de Galilea. Pero no está solo. Hay un sinnúmero de personas y pseudo-profetas que piensan que la violencia puede acabar con la ocupación romana. Todos ellos pagarán tal ocurrencia con su vida.

✦ ✦ ✦ ✦ ✦

Los judíos eran un pueblo conquistado cuando nació Jesús. Aunque el emperador romano había ordenado a sus representantes que respetaran y no interfirieran en las tradiciones religiosas, todos los demás aspectos de la vida diaria estaban bajo su control.

Lo que les dio la fuerza para hacer frente a tanta adversidad y humillación bajo los romanos fue el saber que eran el pueblo elegido. En el Torá, el libro sagrado de la escritura judía, Moisés dice: "Porque tú eres pueblo

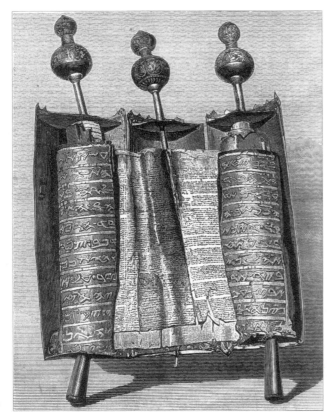

Grabado de 1878 de un antiguo rollo palestino del Torá.
[Biblioteca de Imágenes Mary Evans]

santo para Jehová, tu Dios; Jehová, tu Dios, te ha escogido para que le seas un pueblo especial, más que todos los pueblos que están sobre la tierra." Este ser elegido vino acompañado de la promesa por parte de Dios de que mandaría a un salvador a liberar al pueblo.

Mientras que los judíos esperaban a su Salvador y rey, mantenían su fe en un solo Dios entre los romanos, quienes creían en múltiples dioses e incluso que su emperador era un dios. El pueblo judío escuchaba a los predicadores que viajaban por sus tierras hablándoles de profecías que pronto se cumplirían. Y cada año viajaban a su lugar de nacimiento para ser censados, de manera que el emperador romano supiera exactamente cuánto dinero haría de la gente de Judea y Galilea.

Escultura en mármol de Moisés, obra de Miguel Ángel, esculpida entre 1513 y 1516 para la tumba del Papa Julio II en Roma. [Biblioteca de Arte Bridgeman]

LIBRO I

EL JOVEN JESÚS de NAZARET

Ci apres commence le .xvi. liure
des enciennetes des iuifs selon
la sentence de ioseph. ▰▰▰▰▰▰
        uand hrodes eut prin
        se la principaute de
        toute iudee to ceulx.
        qui trouua priues
et faiourables il

eleua a grans dignites mais ce
qui sentoyent ou faisoyent du chr
tiane il ne cessoit tous les iours
de mettre a griefs tourmens. Et
sur tous les aultres estoient lp
noures enuers li phion le phari
seen et samee son disaple. Car qt
les iherosolumites furent assieg

CAPÍTULO 1

LA MASACRE EN BELÉN

AÑO 5 A.C., MARZO ✦ BELÉN, JUDEA

JOSÉ Y MARÍA Y SU HIJO PRIMOGÉNITO, JESÚS, A DURAS penas salen vivos de Belén. José despierta de un sueño aterrador y tiene una visión de lo que va a suceder. Despierta a María y a Jesús, y escapan adentrándose en la noche.

En este instante, los soldados avanzan hacia Belén. Llegan desde la ciudad de Jerusalén y se están aproximando a este pequeño pueblo con la intención de encontrar y matar a un niño recién nacido. El nombre del niño, desconocido para ellos, es Jesús, y su único crimen es que algunos creen que será el próximo rey de los judíos. El gobernador actual del territorio, un tirano llamado Herodes el Grande, está decidido a asegurarse la muerte del niño. Ninguno de los soldados sabría reconocer a la madre o al padre del niño ni el lugar exacto

Captura de Jerusalén por Herodes en el año 36 a.C. *Ilustración de una traducción francesa de 1470 del libro de Flavio Josefo* Antigüedades judías. [Biblioteca de Arte Bridgeman]

de su hogar, así que su plan pasa por matar a todos los niños recién nacidos en Belén y en los alrededores. Esto será suficiente para asegurarse de que desaparece la amenaza.

Las primeras noticias sobre Jesús le llegan a Herodes gracias a los viajeros que han llegado a adorar al niño. Estos hombres, conocidos como los Reyes Magos, son astrónomos y sabios que estudian los textos religiosos más importantes. Entre estos libros se encuentra el Tanaj, una colección de historia, profecía, poesía, y canciones que narra la historia del pueblo judío. Estos ricos extranjeros viajan casi dos mil kilómetros a través del escabroso desierto, siguiendo una estrella que brilla en el cielo cada mañana antes del amanecer. "¿Dónde se encuentra quien ha nacido rey de los judíos?" preguntan al llegar a la corte de Herodes. "Vimos su estrella en el este y hemos venido a adorarlo."

Increíblemente, los Reyes Magos llevan consigo tesoros en cofres llenos de oro, así como aromas dulces de las resinas de mirra y de incienso. Son hombres instruidos y cultos. Herodes solo puede llegar a una conclusión: o son unos temerarios por arriesgarse a que les roben y perder tales riquezas al atravesar tan vasto desierto hasta Jerusalén, o realmente creen que este niño será el nuevo rey.

Después de que los Reyes Magos formulen su pregunta, un furioso Herodes convoca a sus consejeros religiosos. Herodes insiste en que estos maestros de leyes religiosas y sumos sacerdotes del templo le digan dónde encontrar exactamente al nuevo rey.

Los maestros que Herodes interroga en primer lugar son hombres humildes. Visten sencillos bonetes y túnicas de lino blanco. A

Los Reyes Magos viajan dos mil kilómetros sobre el desierto escabroso.

continuación se dirige a los barbudos sumos sacerdotes del templo.
Estos visten de una manera más sofisticada, con birretes de lino
blanco y azul, y turbantes con cintas de oro en la frente, además
de túnicas azules adornadas con borlas brillantes y cascabeles.
Sobre estas prendas los sacerdotes visten capas y bolsas decoradas con oro y piedras preciosas. Estas prendas indican su
alta categoría como líderes del templo. Herodes pregunta a
sus maestros y sacerdotes, "¿Dónde está el que llaman rey de
los judíos?" "En Belén, en la tierra de Judea." Estos citan
textualmente al profeta Miqueas, cuyas palabras aparecen en el Tanaj. Siete siglos antes, Miqueas dijo que la persona que salvaría al pueblo judío nacería en Belén. "De entre
vosotros [Belén] vendrá . . . quien reinará sobre Israel . . ." Herodes invita
a los Reyes Magos a seguir su camino. Su orden como rey en
el momento de la partida es que localicen al infante y a continuación regresen a Jerusalén para informarle del lugar
exacto donde se encuentra el niño, para así poder visitar a
este nuevo rey en persona.

Los Reyes Magos advierten este ardid y nunca regresan a
Jerusalén.

Ilustración de incienso de un libro sobre plantas medicinales publicado in1887. La resina de este árbol se utilizaba para hacer incienso y perfume.
[Biblioteca de Arte Bridgeman]

✦ ✦ ✦ ✦ ✦

Durante siglos, los profetas judíos han profetizado la llegada de un nuevo
rey que guiará a su pueblo. Han profetizado los cinco sucesos específicos
que han de acontecer para confirmar el nacimiento del Mesías.

El primero es que una estrella ascenderá en el este.

El segundo es que el bebé nacerá en Belén, el pequeño pueblo donde el
gran Rey David nació hace mil años.

La tercera profecía es que el niño será descendiente directo de David, un hecho que puede ser fácilmente confirmado gracias a los meticulosos registros del templo.

Cuarto, poderosos hombres viajarán desde la lejanía para adorarlo.

Y finalmente, la madre del niño será virgen.

Lo que inquieta intensamente a Herodes es saber que tres de estos sucesos han tenido lugar, pero estaría incluso más preocupado si supiera que los otros dos también han acontecido. El niño es de la familia de David, y su adolescente madre, María, asegura que es virgen, a pesar de su embarazo.

Herodes mira por la ventana de su palacio, esperando que se le notifique que todos los bebés varones de Belén han sido asesinados. Tiene miedo de lo que sucederá si un rey se levanta contra él para salvar al pueblo judío. Uno de los resultados es seguro: supondrá el final de su buena vida. A pesar de que es medio judío, Herodes es leal a Roma.

Judea es parte, aunque solo una pequeña parte, del vasto Imperio Romano, un reino en expansión que se extiende a lo largo de Europa, a través de Asia Menor, y abarca casi toda la cuenca mediterránea. Pero el reino de Herodes es diferente a cualquier otro bajo el puño de hierro de Roma: es el único territorio judío. El pueblo judío es una civilización antigua fundada en un sistema de creencias que colisiona con las de Roma: mientras que el pueblo judío cree en un Dios verdadero, el resto del imperio adora varias deidades paganas e incluso considera a su emperador una divinidad. Roma dejará en paz a los judíos si Herodes mantiene la productividad de su gente de forma que puedan pagar los altos impuestos que los romanos demandan.

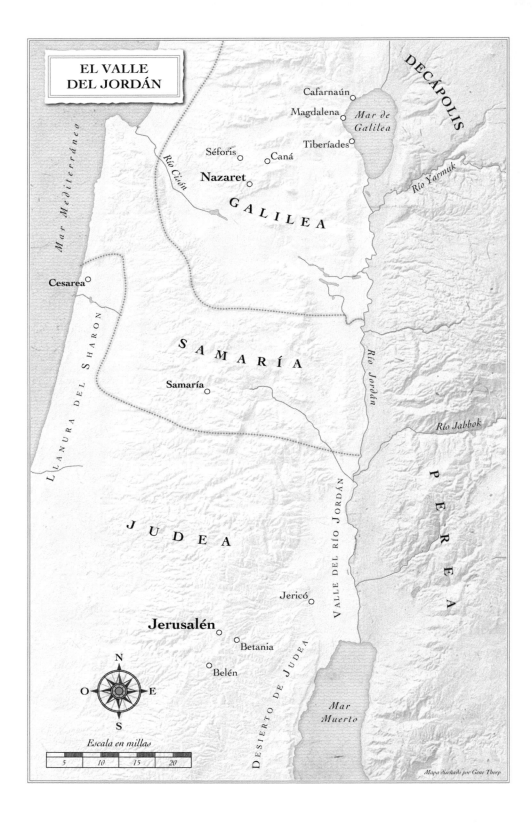

EL VALLE
DEL JORDÁN

DECÁPOLIS

Cafarnaún

Magdalena

*Mar de
Galilea*

Tiberíades

Río Yarmuk

Séforis

Caná

Nazaret

Río Cisón

G A L I L E A

Mar Mediterráneo

Río Jordán

Cesarea

L L A N U R A   D E L   S H A R O N

S A M A R Í A

Samaría

Río Jabbok

P E R E A

J U D E A

V A L L E   D E L   R Í O   J O R D Á N

Jericó

Jerusalén

Betania

D E S I E R T O   D E   J U D E A

Belén

*Mar
Muerto*

N

O   E

S

Escala en millas

5   10   15   20

Mapa diseñado por Gene Thorp

✦ ✦ ✦ ✦ ✦

Herodes no lo sabe, pero Jesús y sus padres han viajado ya dos veces a Jerusalén para visitar el gran templo, el más importante edificio sagrado en toda Judea. Elevado sobre una plataforma de piedra formidable que le da la apariencia de una fortaleza en vez de un lugar de culto, el templo es la encarnación física del pueblo judío y de su ancestral fe. El templo fue construido por Salomón en el siglo X a.C. Fue arrasado por los babilonios en el año 586 a.C. y después reconstruido casi cincuenta años más tarde. Herodes restauró recientemente toda la edificación y aumentó de tamaño el templo. Desde ahora, el templo no es sólo un símbolo del Judaísmo, sino del propio rey.

Ocho días después del nacimiento de Jesús, sus padres hicieron su primera visita al templo para que pudiera ser circuncidado. Allí, el niño recibió formalmente el nombre de Jesús. La segunda visita tuvo lugar cuando el niño tenía cuarenta días. Fue llevado al templo y presentado a Dios, de acuerdo con las leyes del Judaísmo. Su padre, José, carpintero, adquirió, según la tradición, un par de tórtolas jóvenes para ser sacrificadas en honor de esta solemne ocasión.

Algo muy extraño ocurrió cuando Jesús y sus padres entraron en el templo ese día, algo que insinuó que podría realmente ser un niño muy especial. María, José, y Jesús transitaban en silencio, sin hacer nada que pudiera llamar la atención. Aun así, dos desconocidos—un anciano y una anciana, quienes nada sabían de este bebé llamado Jesús ni de su cumplimiento de la profecía—le vieron desde el otro lado del templo repleto de gente y se acercaron a él.

[PÁGINAS SIGUIENTES] *Impresión artística de Jerusalén en el año 65 d.C., dibujo de 1887.* [Biblioteca de Imágenes Mary Evans]

A. MOUNT MORIAH.

1.1.1 Mount of Olives.

2 Road to Bethany.

3 Place where Jesus wept.

4 Garden of Gethsemane.

5.5.5 Valley of Jehoshaphat.

6.6 Brook Kedron.

7 Point of Ascension.

8 Absalom's Pillar.

9 The Village of Siloam.

10 Hill of Offence.

11 Hill of Evil Council.

12 House of Caiaphas.

13 Aaceldama, or Field of Blood.

14 The Temple.

15 Golden Gate.

16 Porch of Solomon.

17.17 Pool of Bethesda.

18 Aqueduct.

19 Road to Bethlehem.

20.20 Tower of Antonia.

B. MOUNT ZION.

21.21 Via Dolorosa.

22 Fish Market.

23 St. Stephen's Gate.

24 Fish Gate.

25 Old Gate.

26 Gate of Ephrem.

27 Gate of Herod.

28 Hebron Gate.

29 Gate of Esseans.

30 Zion Gate.

ANCIENT

A.D.

JERUSALEM

65

		C. UPPER CITY.			D. BEZETHA.	
31	Sheep Market.	41	The Lower Court.	51	Great Market.
32	Tower of Acra.	42	Upper Court.	52	Dung Gate.
33	Tower of Hippicus.	43	Hall of Judgment.	53	Palace of the Kings.
34	Calvary.	44	Pilate's House.	54	Circus.
35	Holy Sepulchre.	45	Tyropean Valley.	55	Theatre.
36	Pool of Hezekiah.	46	High Bridge	56.56.56	Valley of Ghion.
37	Palace of Helena.	47	Solomon's Gate.	57	Upper Pool of Ghion.
38	Tower of Psephnia.	48	Hippodrome.	58	Road to Joppa.
39	Judgment Gate.	49	Xystus.	59	Wilderness of St. John.
40	Tower of Phasœlus.	50	Prison.	60	Bethlehem.

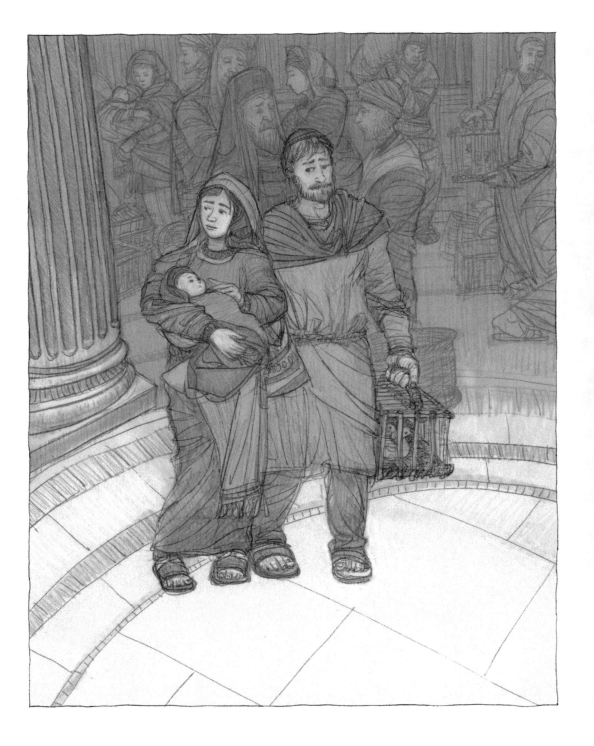

El nombre del anciano que se aproximó era Simeón, y creía que no moriría hasta que posara sus ojos en el nuevo rey de los judíos. Simeón preguntó si podía coger al bebé. María y José dijeron que sí. Mientras Simeón sostenía a Jesús en sus brazos, ofrendó una oración a Dios, dándole las gracias por la oportunidad de ver a este nuevo rey con sus propios ojos. Entonces Simeón devolvió a Jesús a María con estas palabras: "Este niño será causa de caída y de elevación para muchos en Israel, será un signo contra el cual se hablará, de manera que se revelen pensamientos de muchos corazones. Y a ti misma una espada te atravesará el alma."

En ese mismo momento se acercó una mujer llamada Ana, una profetisa viuda de ochenta y cuatro años de edad, que pasaba sus días en el templo, sirviendo de noche y de día con ayunos y oraciones. Las palabras de Simeón seguían resonando en los oídos de María y de José, cuando Ana dio un paso adelante y también alabó a Jesús. En voz alta dio gracias a Dios por traer este bebé especial al mundo. Luego hizo un anuncio inusitado, prediciendo a María y a José que su hijo iba a redimir Jerusalén de la dominación romana.

María y José se maravillaron al oír las palabras de Simeón y Ana, halagados por la atención, como todos los nuevos padres lo estarían, pero también inseguros de lo que estos mensajes sobre espadas y redención significaban realmente. Una vez concluidos sus asuntos en el templo, salieron hacia la bulliciosa ciudad de Jerusalén, entusiasmados y temerosos a un tiempo por la vida que su hijo podría estar destinado a llevar.

✦ ✦ ✦ ✦ ✦

Hay muchas profecías más acerca de la vida de Jesús esbozadas en las Escrituras. Lento pero seguro, mientras el niño crece para convertirse en un hombre, esas predicciones también se convertirán en realidad. El comportamiento de Jesús hará que se le conozca como un revolucionario, famoso en toda Judea por sus asombrosos discursos y por sus enseñanzas. Será adorado por el pueblo judío, pero se convertirá en una amenaza para quienes viven a costa del pueblo: los sumos sacerdotes, los ancianos del templo, los gobernantes títeres de Judea, y sobre todo, el Imperio Romano.

Y es José quien enseñará al niño a ser obediente y fuerte, a seguir las costumbres judías y a obedecer las leyes judías.

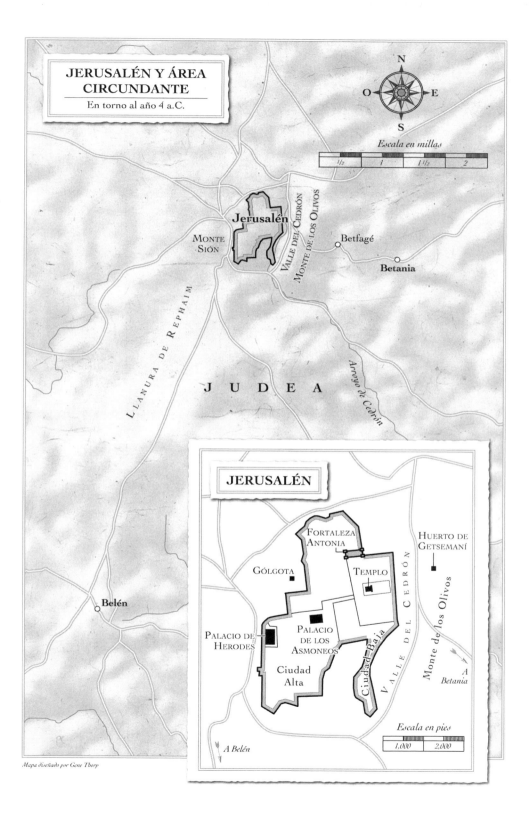

JERUSALÉN Y ÁREA
CIRCUNDANTE

En torno al año 4 a.C.

N
O   E
S

Escala en millas

1/2   1   1 1/2   2

Jerusalén

MONTE
SIÓN

VALLE DEL CEDRÓN

MONTE DE LOS OLIVOS

Betfagé

Betania

LLANURA DE REPHAIM

J U D E A

Arroyo de Cedrón

JERUSALÉN

FORTALEZA
ANTONIA

HUERTO DE
GETSEMANÍ

GÓLGOTA

TEMPLO

PALACIO DE
HERODES

PALACIO
DE LOS
ASMONEOS

Ciudad Baja

VALLE DEL CEDRÓN

Monte de los Olivos

A
Betania

Ciudad
Alta

A Belén

Escala en pies

1,000   2,000

Belén

Mapa diseñado por Gene Thorp

CAPÍTULO 2

CRECIENDO EN NAZARET

5 A.C.–7 D.C. ✦ NAZARET

JESÚS PASA SU JUVENTUD Y
primeros años como joven adulto
en el pueblo de Nazaret en la región de
Galilea. Su padre, José, es un artesano que
construye con piedra y fabrica muebles con
madera.

José es descendiente directo de Abraham, el patriarca
de la fe judía, y David, el más grande rey de Judea jamás
conocido. Veintisiete generaciones separan a José de Abraham, y al

menos quince le separan de David. Pero mientras que Abraham era extremadamente rico y David y su hijo Salomón lo eran más aún, su estirpe atraviesa por malos tiempos. El tranquilo y humilde paisaje de Nazaret queda muy lejos de los grandes reinos disfrutados por anteriores generaciones. Es un pueblo de menos de cuatrocientos habitantes situado en una hondonada entre las colinas del sur de Galilea. Las carreteras no están pavimentadas y el pueblo no está protegido contra invasores mediante muros u otras fortificaciones.

Una antigua ruta de caravanas pasa a unas seis millas, pero ninguna carretera de importancia les lleva directamente a Nazaret. Es un pequeño pueblo destinado a seguir siéndolo, gracias no solo a su ubicación, sino también al hecho de que la única fuente de agua es un manantial que solo puede proporcionar agua para un reducido número de personas.

Varias familias comparten viviendas, a veces separadas por pequeños patios. Las minúsculas casas están construidas con suave piedra caliza y con otras piedras esparcidas por las colinas cercanas. La típica casa de Nazaret tiene uno o dos pisos y

está construida en la ladera de las colinas. Los suelos están hechos de tierra apisonada con ceniza y arcilla, mientras que los muros están hechos de piedra. En las junturas se pone barro para no dejar pasar el viento y la lluvia. El techo es plano y está hecho de madera, paja, barro, y piedra caliza. El piso de abajo se usa como almacén, allí se mete a los animales durante la noche y hay un fuego para cocinar. El piso de arriba se usa para dormir sobre finos colchones rellenos de lana. Una escalera comunica ambos pisos. No hay cuarto de baño.

María está encargada de la casa, preparando la comida y vistiendo a la familia. Muele cebada y trigo para hacer harina, carda la lana de las ovejas, y la convierte en hilo para tejer ropa y todos los días lleva agua del pozo en un gran cántaro para lavar y cocinar.

Cuando la lluvia llega a tiempo, las colinas cerca de Nazaret producen amplias cosechas: judías, verduras, frutas como uvas y pomelos, y frutos secos. María da de comer a los pollos, recoge huevos, y cuida del burro de la familia. Y en un pueblo en el que la gente se conoce y se apoya, cuidará de los niños de otras mujeres, de enfermos y ancianos, y compartirá lo que le sobre con otras familias menos afortunadas.

Como constructor, José trabaja tanto con piedra como con roble de los bosques cercanos para construir edificios y muebles. Cuando escasea el trabajo en Nazaret, siempre encuentra trabajo en la ciudad de Séforis, a solo una hora de camino.

Como su padre antes que él, José enseña a su hijo. No solo le instruye en su oficio, enseñándole no solo cómo construir, sino también otras destrezas vitales: cómo prensar la uva para hacer vino y la aceituna para conseguir aceite, cómo construir bancales en la ladera de la colina para cultivar la comida con que se alimentará la familia, cómo desviar el manantial del pueblo para irrigar los campos. Pero lo más importante de todo es que José educa a Jesús en la fe judía. Puesto que, a pesar de que las culturas griega, árabe, y romana han dejado sus huellas en Nazaret

Fotografía contemporánea de los restos de un lagar. El madero, sobre el que se ponen piedras, machaca las aceitunas de las cestas. El jugo de la aceituna es exprimido y se recoge en un contenedor, del que gota a gota pasa a las cisternas situadas en un agujero en la tierra. [Kurt Prescott]

סדר
תפלות וַעֵרב עִם
טֹחנה עֵטֹרה וברכת
המזֹון וקריאת טֹחֵנֹ
וקידוֹשֹ טֹל טֹבת וִיטֹ
עִם ברכת הַנֹהֹנֹיֹ
יתפלת הדרך
נֹכתב ביום חֹ' וֹ כסליו
תקלֹ"ד
לֹפֹק
בפיורדא

הצילני נֹחֹ

ויחל משה

durante siglos, los ancestros de José no han variado su devoción a un solo dios verdadero. Ha sido el centro de su creencia desde que Abraham pisó la faz de la tierra, dos mil años antes.

Nazaret es un maravilloso lugar para un muchacho. Hay colinas que trepar, cuevas que explorar, y campos por los que correr. En verano, cuando hace tanto calor que Jesús duerme en el tejado plano de su casa, es la hora de cosechar higos y aceitunas. En la primavera se planta el trigo que proveerá el pan diario. Nazaret está a solo veinte millas del Mediterráneo, pero podrían ser mil, puesto que el pescado es casi tan raro como la carne roja en la dieta del joven Jesús. Así que aunque no es una vida de excesos, siempre hay bastante: los árboles y los campos dan aceitunas, trigo, cebollas, y lentejas; de vez en cuando hay un trozo de carne de cordero y huevos, los cuales se pueden cocinar en el más preciado de los alimentos básicos: aceite de oliva. El aceite se usa también para quemar en lámparas y para tratar la piel agrietada.

María y José son devotos y han hecho un gran esfuerzo para pasarle su fe a Jesús. Una pequeña caja de madera que contiene un rollo de pergamino cuelga de la jamba de su puerta. En él está escrita la Shema, la plegaria judía más elemental: «Escucha, oh Israel, el Señor es nuestro Dios, el Señor es Uno». Es una plegaria que la familia recita al levantarse por la mañana y después de traer los animales a la casa cada noche. La ropa de Jesús está adornada con flecos, de acuerdo con lo escrito en Deuteronomio, el quinto libro de las Escrituras judías, y asiste a la sinagoga cada semana. Allí, en el pequeño cuarto cuadrado, está sentado en un banco

Texto del Shema, la plegaria hebrea más importante en las oraciones judías de la mañana y la noche. Acuarela sobre papel del siglo XVIII. [Biblioteca de Arte Bridgeman]

con su espalda apoyada en la pared, Jesús lleva un manto para orar, lee de los rollos de pergamino, y entona salmos. Es en la sinagoga donde aprende a leer y escribir, porque durante este tiempo de ocupación romana, mantener la tradición se ha convertido en una prioridad para el pueblo judío. Un grupo de sacerdotes devotos conocido como los fariseos ayudan a financiar las escuelas en las sinagogas en las que se enseña hebreo a los niños y se les instruye en la ley judía.

CAPÍTULO 3

ARQUELAO, HEREDERO DE HERODES EL GRANDE

AÑO 4 A.C.–6 D.C. ✦ JERUSALÉN

EL REY HERODES EL GRANDE HA MUERTO. MURIÓ POCO después de la masacre de los bebés varones en Belén, sin saber si había conseguido matar al niño llamado a ser el rey de los judíos. Pero la situación del pueblo judío no ha mejorado. Los disturbios se suceden en Jerusalén, cuando se hace evidente que el heredero de Herodes, su hijo Arquelao, es igual que su padre, demostrando tanta crueldad como Herodes el Grande.

Sucede durante la Pascua, la celebración que simboliza el final de la esclavitud, lograda cuando Moisés condujo al pueblo de Egipto en busca de la patria que Dios les había prometido.

Durante la Pascua, Jerusalén se llena de cientos de miles de fieles de todo el mundo, por lo que se produce una conmoción cuando

Costumbres de la Pascua
en el siglo I d.C.

La Pascua, la festividad de celebración, era y sigue siendo uno de los momentos más importantes del año para las personas que profesan la fe judía. Trae a la memoria el momento en que los hijos de Israel, los antepasados de los judíos, permanecieron cautivos en Egipto. Dios envió a Moisés a reunirse con el faraón egipcio con la exigencia de que éste liberara a su pueblo. Cuando el faraón se negó, Dios envió plagas y otros tormentos a la tierra. Finalmente, Dios mató a todos los primogénitos de Egipto, pero "pasó por alto" los hogares judíos. El faraón fue derrotado y liberó a Moisés y a su pueblo ese día. La historia nos cuenta que tuvieron que abandonar el lugar tan rápidamente que no pudieron esperar a que la masa de pan leudara y partieron con ella plana y sin fermentar. Es por eso por lo que se come pan ácimo durante la Pascua.

Durante la vida de Jesús, esto es lo que podría haber ocurrido en un hogar cualquiera cuando se aproximaba la Pascua y durante la comida. Estas costumbres se mantuvieron incluso cuando una familia viajaba a Jerusalén y se alojaba en casa de unos amigos o acampaban en las colinas que rodean la ciudad.

- Selección o compra de un animal para el sacrificio.
- Registro de la casa, patios, y lugares donde se acampaba, en busca de levadura o cualquier alimento hecho con levadura.
- Lavado de los pies, realizado por un siervo o esclavo a cualquier persona que visitaba a la familia.

La cena de la Pascua podría consistir en aceitunas o verduras en escabeche, cordero asado, pan sin levadura, y vino. El cabeza de familia y los invitados leerían extractos de las Escritura y harían comentarios, mientras que a los niños se les haría preguntas cuyas respuestas versarían sobre la historia original de la Pascua.

DE ANTIQVITATIBVS LIBER OCTAVVS DECIMVS INCIPIT QVI CONTINZ
TEMPVS ANNORVM TRIGINTA TRIVM

Qualiter cyrinus a cesare ad syriam censandam destinatus cum copino iudeos
substantias depreciaturus et archelao pecunias redditurus in iudeam ueniens per
suadente iozaro pontifice a iudeis permittitur. Capitulum Primum

YRINVS AVTEM VNVS DE HIS qui
semper in consultatione congregabantur: uir per
omnium magisteriorum & principiorum officia ce
lebratus per cunctas aministrationes ad consular
culmen ascendens: & in cunctis aliis dignitatibus
clarus cum paucis uenit ad syriam. censor gentis
a cesare destinatus: & approbator uniuscuiusque
sententie. Mittitur etiam cum eo copinus ductor
totius equestris agminis potestatemq; iudeorum omnium ferens. Venit etia
cyrinus iudeam nam dispensationi syrie fuerat adunata uniuersorum de

Arquelao afirma resueltamente su autoridad al ordenar a su caballería cargar contra la multitud que ocupa el templo. Blandiendo jabalinas y largas y sólidas espadas de acero y bronce, los soldados de Arquelao masacran a tres mil peregrinos inocentes. María, José, y Jesús presencian el baño de sangre y tienen suerte de escapar con vida. También son testigos de la crucifixión de más de dos mil rebeldes judíos fuera de las murallas de Jerusalén cuando los soldados romanos actúan para sofocar

Grabado del Gran Sanedrín, el tribunal supremo de los judíos de Jerusalén; sin fecha.
[Biblioteca de Imágenes Mary Evans]

[IZQUIERDA] *Ilustración de César enviando al senador Cirenio a recaudar impuestos en Siria y Judea. Incluida en una edición de 1503 de una traducción latina del siglo IV del libro de Flavio Josefo, Antigüedades judías.* [Biblioteca de Arte Bridgeman]

los nuevos disturbios. Estas horribles muertes son ejemplos de la suerte que corren quienes desafían al Imperio Romano.

Roma pronto se involucra por completo en la política de Judea. En el año 6 a.C. César Augusto considera a Arquelao incapacitado para gobernar y lo exilia a la Galia. El quinto hijo de Herodes, Antipas, se hace con el gobierno con el título de Tetrarca.

La ciudad de Jerusalén está controlada por la aristocracia local y los sumos sacerdotes del templo, que imparten justicia a través del Gran Sanedrín, un tribunal compuesto por setenta y un jueces con absoluta autoridad para hacer cumplir la ley religiosa judía. Las personas que se ven involucradas en controversias religiosas deben viajar a Jerusalén para presentar sus casos ante el tribunal. El Sanedrín determina todo tipo de castigos, salvo la pena de muerte, que debe obtener la aprobación del gobernador romano.

Al permitir que la jerarquía judía gobierne Jerusalén, César Augusto busca satisfacer las necesidades de su imperio sin despreciar la fe judía. Sin embargo, exige sumisión completa, una humillación que los judíos no tienen más remedio que sobrellevar. No obstante, esto no significa que hayan dejado de rebelarse. De hecho, esta región del poderoso Imperio Romano es donde tienen lugar un mayor número de insurrecciones.

El pueblo judío comienza a boicotear la adquisición de cerámica romana. Tan pasiva y sutil como esta práctica pueda considerarse, funciona como un recordatorio diario de que a pesar de la opresión a que se ven sometidos, los judíos nunca permitirán ser aplastados totalmente por el poder de Roma.

César Augusto, primer emperador del Imperio Romano. Ilustración del Diccionario histórico de Crabb, *1835.* [Universal Images Group / SuperStock]

CAPÍTULO 4

DESAPARECIDO

AÑO 7 D.C., 22 DE MARZO ✦ VALLE DEL RÍO JORDÁN, JUDEA

JESÚS HA DESAPARECIDO.

María y José, caminando en una larga hilera de peregrinos que vuelven a Nazaret después de pasar la Pascua en Jerusalén, no se han percatado todavía. De acuerdo con la ley judía, tienen que hacer ese trayecto todos los años. A la salida de la ciudad, miles de fieles han sido detenidos en la puerta para obligarles a pagar uno más de los altísimos impuestos que hacen de su vida una lucha constante—esta vez una tasa sobre los bienes comprados en Jerusalén. Ahora ya van camino a Galilea. Los peregrinos marchan en una enorme caravana para sentirse más seguros frente a ladrones, secuestradores, y esclavistas. Los compañeros de viaje de María y José no les son desconocidos, puesto que hacen juntos el mismo viaje cada año. Los miembros de la caravana se cuidan unos a otros y a sus

Fotografía moderna de la puerta en las murallas de la Ciudad Vieja de Jerusalén.
[Biblioteca de Arte Bridgeman]

familias. Si un niño se aleja de sus padres por la noche, se le da un lugar donde dormir y se le manda a buscar a sus padres por la mañana.

María y José creen que esto es lo que ha pasado con Jesús. Es un muchacho brillante y carismático que se lleva bien con los demás, así que no les sorprende que no se haya sentado con ellos junto el fuego al caer la noche. Están absolutamente convencidos de que aparecerá por la mañana.

Pero ahora la mañana ha llegado y ha pasado. Y cuando a mediodía el sol les golpea desde lo alto, María y José se dan cuenta de que ya ha pasado bastante tiempo desde la última vez que vieron a su hijo. Recorren toda la caravana buscando a su hijo, cada vez más preocupados, pidiendo de los demás peregrinos alguna pista que les ayude a saber por dónde anda. Pero ni una sola persona recuerda haber visto a Jesús desde que salieron de Jerusalén.

María y José se dan cuenta de que no han perdido a su hijo, sino que con toda probabilidad lo han dejado atrás.

Hacen entonces lo único que pueden hacer: dan la vuelta y retornan por la carretera por la que vinieron.

Andarán en solitario todo el camino de vuelta a Jerusalén. Nada les importa más que encontrar a Jesús.

CAPÍTULO 5

JESÚS SE SIENTA CON LOS RABINOS

AÑO 7 D.C., 23 DE MARZO ✦ JERUSALÉN

MARÍA Y JOSÉ LLEGAN FINALMENTE DE REGRESO A Jerusalén. Ahora deben encontrar a Jesús en algún lugar entre la muchedumbre, los soldados y viajeros de todo tipo, en una abarrotada ciudad donde todo ocurre a gran velocidad.

Mientras tanto, el Hijo de Dios, como Jesús se llamará a sí mismo por primera vez en este día, está sentado en el templo y escucha fascinado a un grupo de sabios judíos que comparten puntos de vista sobre su fe común. Ahora que los miles de peregrinos de la Pascua se han ido, los fieles en este sacro edificio han retomado su rutina de oraciones, ayunos, rezos, sacrificios, y enseñanzas. Es un ritmo que el muchacho no ha experimentado nunca y que disfruta inmensamente. Si a alguien le parece extraño que un muchacho de doce años, barbilampiño, vestido a la manera sencilla de la Galilea rural, esté sentado junto a rabinos de barba canosa, holgada túnica, y conocimiento enciclopédico de la historia judía, no lo dice. De hecho, más bien ocurre lo contrario: el entendimiento que tiene Jesús de conceptos espirituales complejos deja atónitos a sacerdotes y maestros. Se miran unos a otros, maravillados por este magnífico don.

Jesús es consciente de que sus padres han comenzado el camino de regreso a Nazaret. No es un muchacho insensible, pero su sed de conocer y el deseo de compartir sus propios puntos de vista son tan grandes que ni siquiera se para a pensar que María y José estarán preocupados por él. Jesús tampoco cree que lo que hace significa que sea desobediente. La necesidad de ahondar en el significado de Dios es mucho más fuerte que cualquier otra consideración. Como todos los niños judíos, cuando entre en la pubertad, pasará de ser considerado un mero niño a ser visto como un miembro de pleno derecho de la comunidad religiosa y, por lo tanto, responsable de sus actos. Pero Jesús es diferente de otros niños de su edad. No se contenta con aprender meramente la historia oral de su fe, sino que siente un profundo anhelo de debatir sus sutilezas. Tan fuerte es ese deseo incluso ahora, tres días después de que sus padres hayan partido hacia casa, que Jesús todavía encuentra preguntas que hacer.

✦ ✦ ✦ ✦ ✦

María y José entran en el complejo del templo por las puertas que dan al sur y después suben la ancha escalera que lleva hasta el Monte del Templo. Ahora se encuentran frente a una plaza abarrotada, donde con la mirada empiezan a buscar a su hijo entre los fieles.

Es casi imposible saber por dónde empezar a buscar. El templo es una plataforma de tres acres, con muros de más de trescientos metros de largo, unos ciento treinta metros por encima del Valle del Cedrón. La mayor parte del Monte es el inmenso patio al aire libre, de suelo de piedra, en el que se encuentran. Se le conoce como el Atrio de los Gentiles y está abierto tanto a los judíos como a los gentiles (no judíos).

Como no ven a Jesús, se mueven al centro del Monte. Allí, como una isla de caliza y oro de quince plantas se erige el Templo. Este no es un mero lugar de culto, sino también un refugio de la represión de la ocupación romana, un lugar donde todos los judíos pueden hablar libremente y orar a Dios sin miedo. Hay patios separados para hombres y mujeres, cuartos para que los sacerdotes duerman cuando no están de servicio, escaleras y terrazas desde las que los sacerdotes enseñan la fe judía, y

El Monte del Templo

El templo de Jerusalén era el centro de la vida judía en todo el mundo. Judíos que vivían tan lejos como la Galia, en lo que es hoy el oeste de Europa, viajaban al Templo especialmente para tres importantes festividades: la Pascua (en hebreo *Pesach*), Sucot, y Shavuot. El Templo se construyó en el Monte Moriah, el lugar donde se cree que Dios tomó polvo para crear a Adán y a donde Abraham trajo a su hijo Isaac para sacrificarlo cuando Dios puso a prueba su fe (Abraham pasó esta prueba porque estaba dispuesto a sacrificar a su hijo. Dios permitió que Isaac viviera). El primer Templo había sido construido por Salomón y destruido por Nabuconodosor II. El Segundo Templo se construyó entre el 530 y el 516 a.C. En la era romana, Herodes el Grande decidió ampliar el Templo, una tarea para la que se empleó a más de diez mil trabajadores. Concluido en el año 19 a.C. el renovado complejo ahora ocupaba treinta y seis acres. El templo en sí y sus atrios se encuentran en un extremo de una inmensa plaza. Se dice que hasta un millón de peregrinos cabrían en el Monte del Templo.

Los peregrinos llegan al Templo en fiestas de guardar, pero también para orar durante los servicios religiosos, para estudiar la Torá con uno de los múltiples profesores que hay allí, para preguntar cuestiones religiosas a los eruditos y para realizar ofrendas a Dios.

A la estructura entera se la conoce como el Monte del templo, puesto que fue construida sobre una montaña. El complejo incluye una serie de atrios cuyo tamaño se reduce al mismo tiempo que aumenta su importancia, hasta que uno llega al templo en sí.

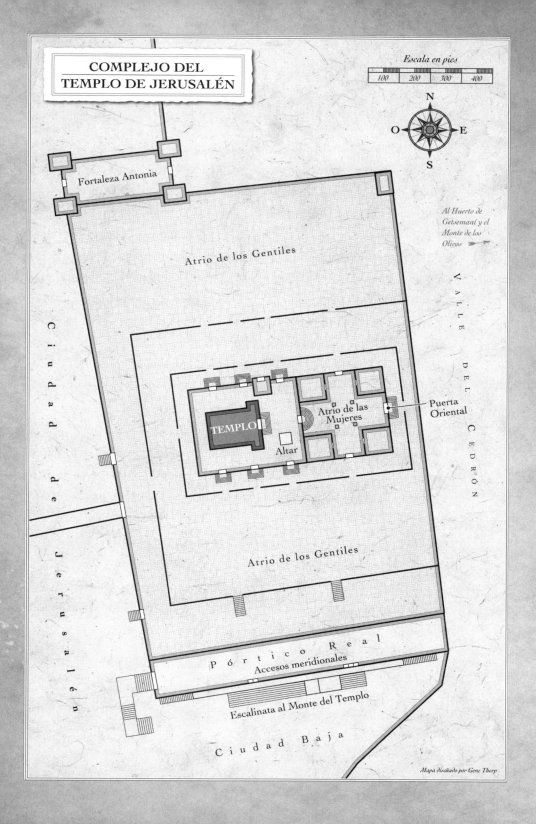

COMPLEJO DEL
TEMPLO DE JERUSALÉN

Escala en pies

| 100 | 200 | 300 | 400 |

N
O E
S

Fortaleza Antonia

Atrio de los Gentiles

Al Huerto de
Getsemaní y el
Monte de los
Olivas

V A L L E   D E L   C E D R Ó N

TEMPLO

Atrio de las
Mujeres

Puerta
Oriental

Altar

C i u d a d   d e   J e r u s a l é n

Atrio de los Gentiles

P ó r t i c o   R e a l
Accesos meridionales

Escalinata al Monte del Templo

C i u d a d   B a j a

Mapa diseñado por Gene Thorp

altares donde se sacrifican ovejas, palomas, y terneras. El Templo es lo primero que ven los visitantes de Jerusalén cuando suben las colinas que rodean la ciudad y divisan la ciudad allá abajo.

Está rodeado por sus cuatros costados por un muro bajo que lo separa del Atrio de los Gentiles. Solo los judíos pueden cruzar de un lado del muro al otro. Por si un soldado romano o un gentil sienten la tentación de atravesar las puertas, un letrero les recuerda que está prohibido bajo pena de muerte. "¡Extranjeros!" alerta, "Os está prohibido traspasar la verja y el muro de separación que rodea al Templo. Quien sea sorprendido haciendo tal cosa será el único responsable de la muerte que le sobrevendrá."

Las palabras son un recordatorio de que éste es un lugar sagrado. Según la tradición, éste es el lugar exacto sobre el Monte Moriah donde Abraham casi sacrificó a Isaac, donde David decidió construir el Primer Templo, y donde Dios tomó polvo para crear a Adán, el primer hombre. No hay un símbolo mayor o más profundo de la fe judía.

✦ ✦ ✦ ✦ ✦

María y José penetran por la puerta del Templo, dejando el Atrio de los Gentiles atrás. Ahora la tarea de encontrar a Jesús resulta incluso más frustrante, puesto que podría estar en cualquiera de los muchos habitáculos que hay en el Templo—o en ninguno. Rastrean el lugar con la misma urgencia frenética con la cual buscaron en bazares y callejuelas por la mañana.

Mientras que María y José van pasando por los distintos atrios, los sonidos y los olores de vacas y ovejas inundan el aire al mismo tiempo que los sacerdotes preparan a los animales para su muerte en una ceremonia

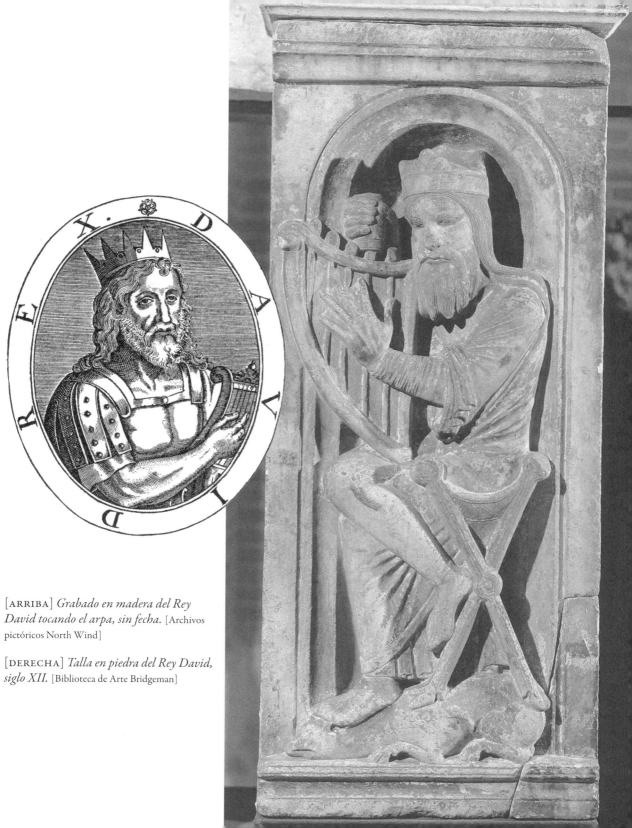

[ARRIBA] *Grabado en madera del Rey David tocando el arpa, sin fecha.* [Archivos pictóricos North Wind]

[DERECHA] *Talla en piedra del Rey David, siglo XII.* [Biblioteca de Arte Bridgeman]

en el altar, y limpian los litros de sangre que cada animal vierte al ser sacrificado. Los ritos con sacrificio de animales son una constante en la vida del Templo. Un animal es sacrificado como símbolo de que los pecados de una persona han sido perdonados.

Finalmente, en la parte exterior, en la terraza en la que eruditos y escribas enseñan las Escrituras a creyentes durante la Pascua y otras festividades, María oye la voz de Jesús. Pero las palabras que salen de su boca no suenan para nada a las del hijo que conocen tan bien. Jesús nunca ha mostrado señales de un conocimiento tan profundo de la ley y la tradición judías. María y José quedan boquiabiertos ante la facilidad con que Jesús habla sobre Dios.

No obstante, también están comprensiblemente enfadados. "Hijo," le interrumpe María, "¿por qué nos has tratado así? Tu padre y yo hemos estado buscándote angustiados."

"¿Por qué estabais buscándome?" responde. Hay inocencia en sus palabras. "¿No sabíais que yo debía estar en la casa de mi Padre?"

Si los reconocidos rabinos oyen la respuesta de Jesús, no dicen nada, puesto que si el muchacho está sugiriendo que Dios es su verdadero padre—literalmente, no como una metáfora—entonces está cometiendo blasfemia al declarar su divinidad. Su castigo sería muerte por lapidación. Según la ley judía cuando alguien comete blasfemia, la congregación entera debería posar sus manos sobre el blasfemo, para entonces dar un paso atrás y lanzar piedras hacia el cuerpo y la cabeza del indefenso hasta que cae al suelo y muere.

Pero esa misma ley dice que Jesús no puede ser acusado de blasfemia porque solo tiene doce años. Todavía no es un hombre, y por tanto no es

Vista lejana de Jerusalén. Grabado de 1846. [Biblioteca de Imágenes Mary Evans]

responsable todavía de sus palabras. Así que puede que los rabinos oyeran su extraordinaria afirmación y respiraran aliviados, sabiendo que este brillante muchacho está exento de morir de manera tan cruel.

Jesús se pone de pie entre los rabinos. Se acerca a María y José, y juntos comienzan el largo camino de vuelta a Nazaret.

La ansiedad de San José, *de James Tissot, siglo XIX.*
Acuarela sobre grafito en papel. [Biblioteca de Arte Bridgeman]

CAPÍTULO 6

EL CARPINTERO

AÑOS 7–25 D.C. ✦ NAZARET Y SÉFORIS

N O HAY NADA EXCEPCIONAL EN LOS AÑOS DE FORMACIÓN de Jesús. Trabaja seis días a la semana como artesano junto a su padre, construyendo los techos y dinteles de Nazaret y trabajando en las cimentaciones de la cercana Séforis, en plena expansión. Cualquier otro joven estaría destinado a permanecer aquí siempre, formar una familia, y construir su propia casa en la ladera de una colina de Nazaret.

Pero el joven Jesús tiene otro destino. La santidad y magnificencia de Jerusalén son un reclamo para él. Llega a conocer los olores y la música de la ciudad durante sus visitas anuales para la Pascua, mientras disfruta transitando y familiarizándose con los lugares de referencia locales como el Monte de los Olivos, el huerto de Getsemaní, el Valle de Cedrón, y el propio templo. Con la llegada de un nuevo año, Jesús continúa creciendo, dejando de ser un niño para convertirse en un hombre de espaldas vigorosas y manos callosas propias de un carpintero, al tiempo que su sabiduría y la

Salomé
Hérode
Mr Muratore
BIBL DE L'OPÉRA
13,664
par Mr Pinchon
BIBLIOTHÈQUE OPÉRA

espiritualidad que le otorga su fe van en aumento. Jesús desarrolla los dones de la serenidad y un poderoso carisma personal, al tiempo que aprende a hablar con elocuencia en público.

Sin embargo, Jesús es cauteloso cuando habla frente a las multitudes. Responsable de su propio comportamiento como miembro de fe de la comunidad religiosa judía, sabe que proferir blasfemias, como sugerir ser el Hijo de Dios, conllevan una ejecución pública. O bien sus compatriotas judíos le lapidarían por utilizar semejante lenguaje o bien los romanos podrían matarlo por considerarse una divinidad como el emperador mismo. La lapidación podría parecer una forma civilizada de morir en comparación con las torturas que los romanos son capaces de practicar.

Los métodos más comunes de matar a un hombre condenado a muerte en el Imperio Romano son variados; desde ahorcarlo, quemarlo vivo, decapitarlo, o colocarlo dentro de una bolsa llena de escorpiones para posteriormente ahogarlo, hasta crucificarlo. Aunque los cuatro primeros métodos parecen terribles, el último se considera el peor con diferencia. A pesar de que la crucifixión se practica regularmente a lo largo de todo el Imperio Romano, se trata de una muerte tan horrible que está prohibido ejecutar ciudadanos romanos de esta manera. Pero las gentes de Judea no son ciudadanos romanos. Y su nuevo gobernante, el quinto hijo de Herodes el Grande, Herodes Antipas, utiliza este cruel castigo de forma indiscriminada.

José y María viven con el temor que inspira Herodes Antipas, al igual que otros judíos. Con una barba oscura que cubre la punta de su barbilla y un bigote fino, parece interpretar el papel de un verdadero villano.

Boceto de Herodes Antipas creado para una ópera moderna sobre Salomé. [Imágenes DeAgostini / Getty]

Nació en Judea, pero fue educado en Roma, una ciudad que adora. Rinde homenaje a César Augusto y Roma gravando con altos impuestos a los judíos bajo su poder y le gusta ordenar formas de ejecución típicas de los romanos para cualquier persona que se atreva a desafiarlo.

La indignación contra Roma ha ido en aumento durante décadas. Los habitantes de Galilea han sido sucesivamente gravados con impuestos sobre impuestos y más impuestos. Herodes Antipas es un amante del lujo y utiliza algunos de estos impuestos para reconstruir Séforis y financiar su lujoso estilo de vida. Cuanto más lujo demanda Herodes, más altos son los impuestos.

El dinero en efectivo es escaso. Cada varón adulto judío tiene que pagar al templo un impuesto anual en moneda llamado medio siclo, pero

[IZQUIERDA] *Anverso de un medio siclo posterior a los tiempos de Jesús mostrando un cáliz. Acuñada en el año 66 d.C. durante el apogeo de la revuelta judía contra Roma.*
[Colección Hoberman / Corbis]

[DERECHA] *Reverso de un medio siclo, que muestra tres granadas.*
[Colección Hoberman / Corbis]

por lo demás, las familias pagan sus deudas en higos, aceite de oliva, cereales, o pescado. Los agricultores no tienen forma de evitar los impuestos, ya que deben viajar a Séforis para vender su cosecha. El odiado recaudador de impuestos siempre aparece cuando llegan a su destino. Para los pescadores no es mucho más fácil. Tienen que pagar tasas para obtener los derechos especiales que les permiten lanzar sus redes o atracar en un puerto y están obligados a entregar una parte de sus capturas diarias.

Debido a que José es un experto artesano, él puede pagar sus impuestos. De hecho, la mayoría de las personas en Galilea puede hacer lo mismo, aunque a duras penas. Muchos galileos sufren desnutrición porque carecen de alimentos para sí mismos. En la agonía que genera el hambre, hierven de indignación en silencio.

Hombre sembrando simientes en la antigüedad. [Alamy]

Las grandes leyendas de la tradición judía hablan de héroes de esta fe alzándose contra los invasores extranjeros. Anhelan los días de gloria del rey David, cientos de años atrás, cuando los judíos eran dueños de sí mismos y Dios era de manera indiscutible la fuerza más poderosa del universo. Los residentes de Galilea son librepensadores. Ellos creen obstinadamente que en última instancia serán ellos los que controlarán su destino.

En esa creencia fundan sus esperanzas. Las dificultades que acarrea trabajar la tierra y la crueldad de Roma han generado una creciente fe en el poder del Dios judío, entre aquellos que le rezan para ser bendecidos con su redención y auxilio. Este es el mundo en el que habita Jesús de Nazaret. Estas son las oraciones que escucha día tras día. La promesa del Dios como liberador es el haz de la luz vespertina que reconforta al pueblo oprimido de Galilea. Un día, si son capaces de resistir, Dios enviará a alguien para restablecer el orden, como hizo con Abraham, Moisés, Daniel, Sansón, y David.

Cómo afecta a Jesús el sufrimiento y la ira dominante en su ciudad es algo desconocido. Ha crecido hasta convertirse en un hombre fuerte, que respeta a sus mayores. José muere en algún momento entre el decimotercer y el trigésimo cumpleaños de Jesús, dejando a Jesús el negocio familiar. Permanece dedicado a su madre, y ella a él. Pero al cumplir treinta años Jesús de Nazaret sabe que ha llegado el momento de cumplir con su destino. El silencio ha dejado de ser una opción. Ha decidido mostrarse al mundo.

Es una decisión que cambiará el mundo.

También es una decisión que le conducirá a una muerte agonizante.

Moisés y las tablas con los Diez Mandamientos y el Rey David con el arpa. Cuadro de Albrecht Durero para un retablo de 1511. [Biblioteca de Arte Bridgeman]

LIBRO II

JESÚS
el PREDICADOR

CAPÍTULO 7

JUAN BAUTIZA A JESÚS

AÑO 26 D.C. ✦ RÍO JORDÁN ✦ MEDIODÍA

JUAN BAUTISTA SE ENCUENTRA CON EL AGUA HASTA LA cintura en las aguas turbias y frías del río Jordán, esperando pacientemente a que el próximo peregrino se adentre en el río hasta llegar a su lado. Mira a la orilla, donde muchos otros creyentes guardan su turno, a pesar del calor, para ser purificados de sus pecados.

Los creyentes son en su mayoría trabajadores de condición humilde. Han encontrado inspiración en Juan y sus radicales enseñanzas. El joven de pelo largo con la piel quemada por el sol y barba rala se ha auto disciplinado viviendo solo en el desierto, comiendo únicamente cigarras, que le proporcionan proteínas, y miel para obtener energía. Viste una túnica basta de piel de camello y lleva una sencilla correa de cuero pelado atada alrededor de su

Estatua de mármol que representa el bautismo de Cristo en la Iglesia Saint-Roch en París, fechada en el siglo XVIII y esculpida por Jean-Baptiste Lemoyne. [Biblioteca de Arte Bridgeman]

El bautismo en la cultura judía durante el siglo I

La palabra *bautizar* viene de una palabra griega antigua, *baptizein*, que significa "sumergir." Muchas tradiciones religiosas, algunas antiguas y otras nuevas, utilizan el agua para simbolizar la pureza. En algunos, el agua se vierte sobre la cabeza de una persona. En otros, como la práctica judía del siglo primero, una persona es sumergida en el agua.

El bautismo era una práctica común en Judea y Galilea. Los adultos, y no los niños, eran bautizados. Y podían ser bautizados tan a menudo como tuvieran pecados que confesar. Los judíos creían que cuando eran bautizados quedaban purificados y listos para recibir a su salvador cuando este llegase. También era esencial haber sido purificado para tomar parte en los rituales festivos. Los baños (*mikvahs*) a las afuera de Jerusalén en que los peregrinos se bañaban servían este propósito antes de la Pascua, Pentecostés, y la Fiesta de los Tabernáculos. No era necesario que una persona específica, como un rabino o un sacerdote, realizara el bautismo. La gente podía tranquilamente nombrar sus pecados y luego purificarse con agua. Se consideraba que Juan Bautista estaba particularmente cercano a Dios, y mucha gente sentía que este podía eliminar sus pecados más eficazmente.

Localización en el río Jordán, donde se dice que Jesús fue bautizado por Juan. [Biblioteca del Congreso]

cintura. Algunos piensan que Juan es un excéntrico, otros lo consideran un rebelde, pero todo el mundo está de acuerdo en que ha prometido con audacia algo que ni Roma ni los sumos sacerdotes del templo en Jerusalén pueden ofrecer: esperanza.

Juan predica que el fin del mundo está cerca. Un nuevo rey llegará para administrar justicia. Adéntrate en el agua y serás purificado de tus pecados, o el recién ungido rey—"Cristo"—te castigará de la forma más cruel posible. Se trata de un mensaje religioso y político a un tiempo, el cual desafía directamente al Imperio Romano y a la jerarquía del templo judío.

Juan extiende un brazo cuando el siguiente peregrino se acerca y se sitúa a su lado en el río. Escucha atentamente mientras el hombre confiesa sus pecados. Entonces Juan reza por él y dice: "Tras de mí viene el que es más poderoso que yo, cuyas sandalias no soy digno de desatar. Yo os bautizo con agua, pero él os bautizará con el Espíritu Santo."

Juan posa una mano sobre la espalda del hombre y lo guía lentamente debajo del agua, lo sumerge durante unos segundos y lo ayuda a incorporarse de nuevo. El peregrino redimido, con sus pecados ahora perdonados, regresa a la orilla. Antes de que alcance la orilla, otro creyente está adentrándose en el agua para ser purificado.

"¿Quién *eres* tú?" pregunta una voz desde la orilla. Juan ha estado esperando esta pregunta. Tres grupos de personas contemplan la escena. Esta pregunta viene de un fariseo, un alto sacerdote del templo, enviado desde Jerusalén para juzgar si Juan está cometiendo una herejía. El sacerdote no está solo, ha hecho el viaje en compañía de otros fariseos y de un grupo de saduceos.

"*No* soy Cristo," grita Juan. Los sumos sacerdotes saben que con estas palabras se está refiriendo a la persona que va a cumplir la profecía—el nuevo rey de los judíos, un hombre como Saúl, David, y Salomón, los grandes gobernantes de las generaciones pasadas que fueron elegidos a dedo por Dios para guiar a los israelitas.

"Entonces, ¿quién eres?" le interpela otro de los fariseos. "¿Eres Elías?"

Juan ha escuchado esta comparación antes. Al igual que él, Elías era un profeta que predicó que el mundo pronto llegaría a su fin.

"No," responde Juan con firmeza.

"¿Quién *eres*?" los sacerdotes le preguntan una vez más. "Danos una respuesta que llevar a quienes nos han enviado."

Juan describe una profecía hecha por el profeta Isaías, un hombre que vivió ochocientos años antes de estos hechos. En esta profecía en particular, Isaías había augurado que un hombre vendría a anunciar la llegada del día en que el mundo acabaría, y Dios se manifestaría en la tierra. Este hombre sería "la voz del que clama en el desierto: 'preparad el camino del Señor, enderezad el camino.'"

Juan realmente cree que él es el hombre al que se refería Isaías, y se siente obligado a viajar de una ciudad a otra, anunciando a todos los que le escuchan que el fin del mundo está cerca y deben prepararse para ser bautizados.

"¿Quién *eres* tú?" los sacerdotes le preguntan una vez más, sus voces ahora más enojadas y más pertinaces.

"Yo soy la voz de uno que clama en el desierto," responde Juan.

✦   ✦   ✦   ✦   ✦

Los sacerdotes del templo no son los únicos funcionarios que mantienen una estrecha vigilancia sobre Juan Bautista. Desde Tiberio, la impresionante nueva capital, hábilmente nombrada en honor del nuevo emperador romano, Herodes Antipas, el tetrarca de Galilea, ha enviado espías al río Jordán para seguir de cerca cada movimiento del Bautista.

Todo el mundo habla del Bautista en Galilea, y Antipas teme que este carismático evangelista convenza al pueblo para alzarse contra él.

Herodes Antipas ha pasado mucho tiempo en Roma, educándose en las costumbres y protocolos romanos y habituándose a la devoción de estos por la literatura, la poesía, y la música. El judío Antipas incluso se viste como la aristocracia romana, cubriéndose con la pieza de tela conocida como toga, en lugar de las sencillas túnicas del pueblo judío.

Durante su estancia en Roma, Antipas ha aprendido a sazonar su comida con salsa de pescado agrio, un condimento escabechado con un fuerte sabor que enmascara el deterioro de los alimentos por la falta de refrigeración. Es una de las muchas costumbres romanas que ha adoptado.

Herodes enfureció al pueblo de Galilea cuando se divorció de su esposa para casarse con la ex-esposa de su medio hermano. Su nueva esposa, Herodías, sabe que los judíos reprueban su persona y su matrimonio. Pero Herodes Antipas, que ahora se acerca a la cincuentena, cree que debe lealtad al emperador Tiberio. A pesar de que Antipas tiene un gran poder sobre los campesinos judíos, debe hacer lo que Roma le impone. Nunca puede objetar

Romano vestido con toga. Grabado sobre madera. [Archivos pictóricos North Wind]

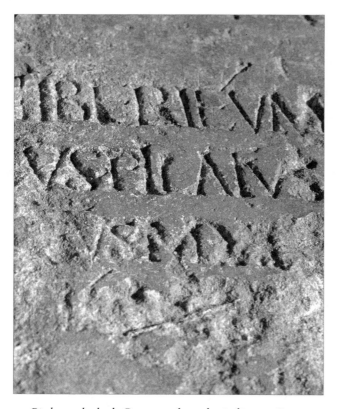

Piedra grabada de Cesarea en la cual se indica que Poncio Pilatos ha dedicado un edificio a César Augusto.
[Biblioteca de Arte Bridgeman]

a nada a la voluntad de Tiberio, a pesar de que el pueblo judío está cada día más desencantado con la dominación romana. El miedo a Tiberio también evita que Antipas acometa reformas que pudieran ayudar al pueblo judío. Atrapado entre estos dos extremos, mantiene la boca cerrada mientras se dedica a acumular toda la fortuna que puede.

La tercera persona que vigila a Juan es el nuevo prefecto o gobernador de Judea, el romano Poncio Pilatos. Pilatos es un miembro de la clase ecuestre y un ex-soldado procedente del centro de Italia, nombrado para el cargo por el emperador. Su principal función es mantener el orden público en la tierra bajo su gobierno. También recauda impuestos y juzga a las personas acusadas de cometer crímenes.

Pilatos está casado con Claudia Prócula, que lo ha acompañado a Judea. Se trata de un nombramiento decepcionante, ya que Judea tiene fama de ser un lugar muy difícil de gobernar. Pero si su esposo destaca en este remoto puesto diplomático, Claudia espera que Roma le destine, en su próxima misión diplomática, a un lugar más prestigioso.

Pilatos sabe que su futuro personal y profesional depende de hacer feliz a Tiberio. A pesar de sus propias creencias paganas y su estilo de vida, Tiberio admira las prácticas religiosas de los judíos. Los considera los sujetos más devotos del imperio cuando se trata de observar el sábado santo. Poncio Pilatos tiene orden del emperador Tiberio de no cambiar nada sancionado por la costumbre y de considerar a los judíos y a sus leyes como un deber sagrado.

De acuerdo con las órdenes de Tiberio, Pilatos no debe inmiscuirse en los asuntos relativos a la ley judía. Pronto obtiene un primer ejemplo del poder de la fe de sus súbditos.

Uno de los primeros actos oficiales de Pilatos es pedir a las tropas romanas en Jerusalén que decoren sus estandartes con bustos del emperador Tiberio. Cuando el pueblo se revela para protestar por estas imágenes, prohibidas por la ley judía, Pilatos responde ordenando a sus soldados rodear a los manifestantes blandiendo sus espadas como si fueran a atacar. Los judíos se niegan a dar marcha atrás. En cambio, se lanzan al frente ofreciendo su cuello, mostrando claramente que están dispuestos a morir por sus creencias.

Pilatos ordena a sus hombres retroceder. Los estandartes son retirados. A partir de ahora Pilatos desarrolla una nueva estrategia para hacer frente a los judíos, una que honre ese "deber sagrado." Deliberadamente, desarrolla un fuerte vínculo con el sumo sacerdote Caifás, la cabeza visible de la fe judía, el sacerdote más poderoso en el templo de Jerusalén, y el

hombre más influyente en la ciudad. Caifás pertenece a una familia de sacerdotes y vive en una lujosa casa en la parte alta de la ciudad. Ejerce su autoridad sobre la vida religiosa en Jerusalén, incluida la aplicación de la ley judía, inclusive cuando ello conlleva la propuesta de una sentencia a muerte de un hombre o de una mujer.

Caifás controla el tesoro del templo, que posee riquezas incalculables. Controla el cuerpo de policía del templo y a todas las demás personas que allí trabajan. Y Caifás es el jefe del Sanedrín, el consejo de sumos sacerdotes que conoce de los casos concernientes a la ley religiosa. Pero mientras que Caifás y el Sanedrín pueden decretar sentencias menores, es el gobernador romano quien determina si una sentencia de muerte debe ejecutarse.

Pilatos es un pagano romano. Caifás es un judío. Veneran a sus dioses de forma diferente, comen alimentos diferentes, tienen diferentes perspectivas de futuro, y han crecido hablando idiomas distintos. Pilatos gobierna en representación de un emperador divino, mientras que Caifás cree que sirve a instancias de Dios. Pero ambos comparten la creencia de que tienen derecho a hacer lo que sea necesario a fin de mantenerse en el poder.

El dios romano Júpiter, dios de los cielos y las leyes. Madera pintada a mano. [Archivos pictóricos North Wind]

[IZQUIERDA] *Fotografía de las ruinas de la casa de Caifás, el sumo sacerdote.* [Corbis]

De esta manera, el estado y la fe mantienen su dominio sobre Judea. Caifás juega su papel en esta alianza, enviando una partida de autoridades religiosas al desierto para mantener una mirada censora sobre el ministerio de Juan Bautista.

✦ ✦ ✦ ✦ ✦

Al día siguiente, Juan se encuentra de nuevo en el río Jordán. Como de costumbre, el sol abrasador brilla en el cielo y una sucesión de creyentes esperan su turno para ser bautizados.

A lo lejos, Juan observa a un hombre caminando hacia el río. Al igual que él, este hombre tiene el pelo largo y barba. Lleva sandalias y una túnica sencilla. Sus hombros son anchos, como si se tratara de un artesano. Parece más joven que Juan, pero no mucho. Es Jesús de Nazaret.

Mientras la multitud de peregrinos contempla la escena, Juan hace un gesto dirigido a Jesús. Jesús entra en el agua y ocupa su lugar junto a Juan a la espera de ser bautizado. Cuando Jesús emerge del agua, una paloma se posa sobre su hombro. Jesús no hace ademán de espantarla, el ave parece estar satisfecha de permanecer allí.

Juan se dirige a la multitud: "He aquí el Cordero de Dios. He visto al Espíritu Santo descender del cielo en forma de paloma, y permanecer sobre él. Y yo mismo no lo conocía, pero quien me envió a bautizar en estas aguas me dijo: 'Aquel sobre quien veas que el Espíritu desciende y permanece, es el que bautiza con el Espíritu Santo.' He visto y doy fe de que éste es Elegido de Dios."

Los creyentes caen de rodillas con sus rostros contra la tierra.

Juan está asombrado. "Yo necesito ser bautizado por *ti*, y aun así ¿tú acudes a mí?"

Jesús no revela su identidad a la multitud. Pero hablando pausadamente

Jerarquía del templo

Caifás, un miembro de la secta de los saduceos, era el sumo sacerdote en la época de Jesús. Su suegro, Anás, había sido sumo sacerdote antes que él. Caifás controlaba el enorme tesoro del templo y a los miles de personas que trabajaban en el templo: los sacerdotes, los guardias, los coros y músicos, los profesores, y otros muchos trabajadores.

Los saduceos eran sacerdotes aristocráticos, muchos de ellos procedentes de familias de sacerdotes. Eran menos rígidos en la interpretación de la ley y más dispuestos a vivir en armonía con los paganos de Roma. Los saduceos estaban muy involucrados en los rituales del templo. Se preocupaban por las apariencias y eran seguidores literales de las costumbres establecidas en la Torá.

Los fariseos eran personas corrientes y eran respetados porque se especializaron en la interpretación de las leyes orales que Dios le dio a Moisés. La ley Mosaica y la Torá y las Escrituras, formaban la base de la costumbre religiosa y legal judía. Eran los fariseos quienes interpretaban la ley Mosaica y anotaban sus ideas en el Talmud. Los fariseos creían que el Mesías vendría y traería con él una era de paz mundial. Nicodemo era un fariseo.

Los miembros de ambas sectas, los fariseos y los saduceos, constituían el Sanedrín, el tribunal supremo de setenta y un miembros, responsable del funcionamiento del templo, la recaudación de impuestos, y la interpretación de las leyes religiosas y civiles. Pero el Sanedrín, por supuesto, no era independiente. Roma supervisaba sus acciones y decisiones.

Sumo sacerdote en el templo vestido para la Fiesta de los Tabernáculos. [Biblioteca de Imágenes Mary Evans]

con Juan Bautista, confiesa quién es. Inclinando su cabeza para recibir el agua bautismal, le dice a Juan: "Permítelo ahora, porque así conviene que cumplamos toda justicia."

Juan coloca una mano en la espalda de Jesús y lentamente le sumerge en el agua. "Yo te bautizo con este agua para tu arrepentimiento," Juan pronuncia estas palabras mientras Jesús se sumerge en las aguas.

Entonces Juan incorpora a Jesús.

"Este es el Hijo de Dios," Juan proclama.

"Hijo de Dios" es una denominación que hace referencia al Mesías, un título atribuido al rey David. Se cree que cuando el Mesías regrese, será el rey de los judíos, de acuerdo con David, el rey ideal.

Las personas allí congregadas ahora entienden que "el Hijo de Dios" se refiere al ungido, el que viene como gobernante y como rey.

La multitud permanece arrodillada mientras Jesús dirige sus pasos hacia la orilla y continúa caminando. Se dirige solo hacia el desierto para ayunar durante cuarenta días y cuarenta noches. Es un viaje que hace de buena gana, sabiendo que tiene que enfrentarse y derrotar a todas y cada una de las tentaciones con el fin de purificar su mente y su cuerpo antes de predicar públicamente su mensaje de fe y esperanza.

La obra de Juan Bautista ha terminado. Pero su destino ha sido sellado. Juan es el más misterioso de todos los profetas, un hombre que vive para ver sus predicciones hechas realidad. La gente todavía desea ser redimida de sus pecados a través del bautismo y grandes multitudes acompañan a

Juan dondequiera que va. Si acaso, sus seguidores continúan creciendo. Y si bien ya no es necesario profetizar la venida de Cristo, Juan tiene un poderoso don para hablar en público.

Juan no es el tipo de persona que se mantiene callada ante la inmoralidad y la injusticia. Así que cuando tiene conocimiento de que Herodes Antipas se ha divorciado de su esposa y posteriormente ha violado la ley judía casándose con la ex-esposa de su medio hermano, no puede permanecer en silencio.

Recorriendo el país, Juan Bautista denuncia con dureza a Antipas allá donde va, predisponiendo a la gente en contra de su gobernante. Antipas ordena a los espías que han estado observando a Juan que lo arresten. Juan es encadenado para después marchar durante treinta kilómetros a través del desierto ardiente. Finalmente, frente a él aparece una imagen. Es la fortaleza de Antipas en Maqueronte, en la cima de la montaña.

Juan se ve obligado a ascender a pie los cerca de mil metros de desnivel que conducen hasta la ciudadela, que está rodeada por todos lados por barrancos rocosos.

Ruinas de Maqueronte, fortaleza de Herodes el Grande y posteriormente, Antipas. [Corbis]

La vista desde el palacio, que se encuentra en el centro de la estructura fortificada, es impresionante. Si Juan pudiese disfrutar de ella, sería capaz de ver los estrechos y rojizos meandros de su amado río Jordán serpenteando por el valle que se extiende a sus pies. Y puede que Juan haga un alto para echar un último vistazo antes de cruzar las grandes puertas de madera que permiten el acceso a la ciudadela. Pero esas puertas se cierran detrás de él con demasiada rapidez. Aún encadenado, es conducido hacia la sala del trono de Antipas, donde permanece desafiante y sereno cuando se encuentra ante este hombre. E incluso cuando tiene oportunidad de retractarse de las palabras que dan pie a las acusaciones hechas contra él, Juan no lo hace. "No es lícito," le dice al gobernante, "que te hayas casado con la mujer de tu hermano."

La mujer en cuestión, Herodías, se sienta al lado de Antipas. Juan no sólo está condenando a su marido, sino a ella también, pero ella puede ver que Antipas en realidad tiene miedo de Juan, y tiene miedo de ordenar su muerte. Herodías, sin embargo, es una mujer paciente y sabe que va a encontrar la manera de llevar a cabo su venganza. ¿Cómo se atreve este salvaje a insultarle?

Y es de esta manera que Juan fue arrojado a las mazmorras de Maqueronte, para pudrirse hasta que Antipas lo libere o Herodías lo mate.

Mientras tanto, una amenaza mucho mayor para Antipas está comenzando a emerger. Jesús de Nazaret se ha embarcado en una misión espiritual que pondrá a prueba a los hombres más poderosos del mundo.

CAPÍTULO 8

CONTRA LOS PRESTAMISTAS

AÑO 27 D.C., ABRIL ✦ JERUSALÉN ✦ DE DÍA

DESPUÉS DE SU BAUTIZO Y DEL AYUNO EN EL DESIERTO, EL ministerio de Jesús ha sido bastante tranquilo. Hoy todo eso va a cambiar.

Jesús sube las escaleras a los atrios del Templo, rodeado por peregrinos llegados para la Pascua. Cientos de miles creyentes judíos han viajado una vez más largas distancias—desde Galilea, Siria, Egipto, o incluso Roma—para celebrar el momento más importante del año judío. No es que tengan otra elección: según la ley judía, no visitar el Templo durante la Pascua es una de las treinta y seis violaciones de la Ley Mosaica que conllevan la sagrada pena del karet, la separación espiritual de Dios. Los que desobedecen sufrirán una muerte prematura o cualquier otro castigo conocido por la deidad. Así que, como ha hecho cada primavera desde que era niño, Jesús de Nazaret viaja a Jerusalén.

La emoción espiritual que fluye por la ciudad es maravillosa, ya que esta multitud de judíos se reúne para celebrar su fe y entonar alabanzas a Dios. Agentes del Templo han reparado las carreteras de tierra que llegan a la ciudad para aplanarlas tras las frecuentes lluvias invernales. Se han construido piletas especiales, llamadas *mikvot*, para que los viajeros puedan sumergirse en un baño ritual, purificándose antes de entrar en la ciudad sagrada.

Después de bañarse en el *mikvah*, Jesús entra en Jerusalén. Intramuros, ve los cientos de hornos de arcilla que han sido construidos para que todos y cada uno de los peregrinos tenga un lugar para el asado sacrificado en la Pascua, el cual comerán en el festín nocturno del Séder. Oye el balar de ovejas al tiempo que pastores y rebaños atiborran las

estrechas calles. Y Jesús puede imaginar sin problema el repiqueteo de las trompetas de plata y las armoniosas voces del coro que se oirá en los atrios del templo interior, justo momentos antes de que se sacrifique a un cordero para la Pascua. Un sacerdote recogerá su sangre en un bol de oro y salpicará con ella el altar mientras que el cordero es colgado de un gancho y despellejado. Las oraciones de acción de gracias vendrán a continuación, y en los atrios del Templo resonarán cantos de aleluya. La familia recibirá la carne para cocinarla para su Séder en uno de los múltiples hornos comunales construidos para la ocasión por toda la ciudad. La piel del animal se da a los sacerdotes.

Esta es la Pascua en Jerusalén. Ha sido así desde que se reconstruyó el Templo. Cada Pascua es única en su gloria y sus anécdotas personales, pero los rituales son siempre los mismos.

Ahora, mientras sube las escaleras al Atrio de los Gentiles, Jesús se prepara para hacer esta Pascua diferente.

✦ ✦ ✦ ✦ ✦

En los atrios del Templo parcialmente cerrados, unas filas de mesas con monedas apiladas sobre ellas se alinean junto a un muro, a la sombra de las marquesinas del Templo. Tras cada mesa se sienta, arrogante, un insidioso *shulhani*, cuyo negocio es cambiar dinero. Largas colas de visitantes foráneos esperan el momento de cambiar sus monedas romanas por siclos, la única moneda que se acepta en el Templo. Las monedas romanas muestran imágenes de dioses y retratos del emperador, y su uso en el templo contraviene la ley judía. Los siclos están decorados con imágenes de plantas y otras imágenes no humanas. Los peregrinos deben usar siclos para pagar su impuesto anual y para comprar animales para el sacrificio ritual.

Sacrificio ritual

En el mundo antiguo, numerosas culturas sacrificaban animales a su dios o dioses, por cuanto creían que la sangre de la criatura les favorecería. En tiempos de Jesús, los romanos y los griegos, así como los judíos, practicaban sacrificios animales.

El sacrificio ritual era requerido por la Ley de Moisés. Solo podía llevarse a cabo en el Templo en Jerusalén. No era una costumbre que fuera parte de la vida en las sinagogas, pueblos o ciudades o en casas privadas.

En el Templo, solo los sacerdotes podían llevar a cabo sacrificios rituales. Un peregrino compraba un animal, un cordero sin ningún defecto, por ejemplo, de uno de los vendedores que se situaban en los alrededores del Templo.

Le daba a un sacerdote el cordero, quien lo sacrificaba. Con su sangre se salpicaba el altar. El sacerdote entonces devolvía parte del cordero al peregrino, y esta constituía la parte principal del festín de su familia. El sacerdote se quedaba con la piel del animal, la cual era salada y guardada en un cuarto adyacente al Templo.

Peregrinos y residentes de Jerusalén ofrecían animales en sacrificio como forma de hacerle un regalo a Dios. Otros regalos que se

Un hombre típico de Jerusalén, dibujado por James Tissot en el siglo XIX.
[Biblioteca de Imágenes Mary Evans]

ofrecían podían ser primicias—los primeros productos de una cosecha—o una cantidad de dinero llamada el diezmo. Los regalos se ofrecían por diversas razones: para honrar a Dios, para darle las gracias por algo bueno que había ocurrido, como el nacimiento de un bebé o una buena cosecha, o para pedir algo como un perdón o un favor. La costumbre del sacrificio ritual terminó con la destrucción del Templo de Jerusalén a manos de los romanos en el año 70 d.C.

Los cambiadores de dineros ofrecen un cambio injusto por el privilegio de cambiar las monedas romanas por siclos. Los sumos sacerdotes del Templo también se benefician de esta situación. Dentro de los atrios interiores del Templo hay inmensas cámaras llenas de siclos y de las monedas extranjeras canjeadas cada año por los peregrinos. Cuando el Templo presta este dinero—como a menudo se hace con campesinos que necesitan ayuda para pagar sus impuestos—los intereses que cobra son exorbitados. Todas las deudas quedan registradas en libros de cuentas que se

Moneda romana con la efigie de César, encontrada en Jerusalén. [Corbis]

guardan en el interior de la gran cámara del Templo, y aquellos que no pueden pagar sufren una serie de humillaciones: la pérdida de su casa, la pérdida de tierra y ganado, y, en última instancia, pasar el resto de tu vida como esclavo de tu deuda o pertenencia a la clase "impura." Los suburbios de la parte más baja de Jerusalén están repletos de familias que fueron expulsadas de sus tierras porque no pudieron devolver las cantidades de dinero que pidieron prestadas del Templo.

Así que aunque la Pascua puede ser un tiempo de fe y devoción, el dinero también desempeña un papel importante. Hasta cuatro millones de judíos llegan cada año a Jerusalén, que se suman a los sesenta mil que viven allí normalmente. Esto significa ingresos mucho mayores para las tiendas locales y para los propietarios de alojamientos, pero los sacerdotes del templo y las autoridades romanas obtienen la mayor parte del beneficio a través de los impuestos y el cambio de dinero. También se hace

dinero cuando los pobres compran un cordero o una paloma para el sacrificio obligatorio de la Pascua. Si un sacerdote inspecciona el animal o el ave y encuentra el más mínimo problema, el sacrificio se considerará inválido y el campesino tendrá que comprar otro animal. No es de extrañar por tanto que a la gente le hierva la sangre en silencio cuando trata con los sacerdotes del Templo.

Hoy Jesús sube al Atrio de los Gentiles y se encamina a la ancha plaza al aire libre. Desde su bautismo y el ayuno en el desierto, su ministerio ha sido tranquilo.

Pero ahora, Jesús pasa por las mesas apiladas de monedas y ve a los galileos de pie, indefensos frente a los avariciosos cambiadores de dinero y los arrogantes sumos sacerdotes del templo. Este ritual del cambio de dinero durante la Pascua no ha variado desde que era niño, pero en este día Jesús siente que debe hacer algo sobre esta obvia injusticia.

Normalmente, Jesús no es dado a la ira o a ataques de rabia. De hecho, normalmente, exuda una poderosa serenidad. Así que cuando se encamina con decisión hacia las mesas de los cambiadores de dinero, los que lo conocen se asustan. Su caminar es resoluto y su mirada muestra una determinación férrea.

Las mesas están hechas de madera. Sus superficies están melladas, con numerosas marcas de las miles de monedas arrastradas por ellas. Los cambiadores de dinero se sientan frente a enormes pilas de dinero, resplandecientes bajo el fuerte sol de Jerusalén.

Aunque las mesas resultan muy pesadas, eso no detiene a Jesús. Ha pasado veinte años moviendo maderos y piedras junto a su padre. Coloca su mano debajo de la mesa más cercana y le da la vuelta. Una pequeña fortuna en monedas vuela en todas direcciones. Incluso cuando los *shulhani* gritan enrabietados y las monedas caen en cascada al suelo de piedra, Jesús se acerca a la siguiente mesa y a la siguiente.

Nadie ha visto nunca nada similar. Este comportamiento es una locura, el tipo de actuación por el que alguien podría morir. La multitud se queda boquiabierta, y Jesús saca un látigo que ha hecho con cuerdas. Se desplaza de las mesas de los cambiadores al lugar donde se venden las cabras y las ovejas. Hace restallar el látigo de manera que los animales salen corriendo en estampida. Entonces Jesús se encamina decidido a las jaulas de palomas que también se venden para el sacrificio y abre sus puertas y las libera.

Y nadie intenta pararle.

"¡Quitad esto de aquí!" grita a los vendedores de palomas. "No hagáis de la casa de mi Padre una casa de comercio."

Estos hombres, que hasta hace apenas unos minutos disfrutaban de un poder absoluto sobre los peregrinos, ahora retroceden, aterrorizados de que Jesús les pueda fustigar con su látigo. Los cambiadores ven su dinero por los suelos, pero ninguno se mueve para recoger sus monedas. El ganado corre suelto por el Atrio de los Gentiles; vacas, cabras, y ovejas corren sin rumbo por entre las multitudes, su cita con el cuchillo del sacrificio retrasada temporalmente.

De repente, se forma un círculo de peregrinos y oficiales del Templo en torno a Jesús, quien sujeta con firmeza su látigo en una mano, como si retara a quien quisiera enfrentarse a él.

"¿Qué señal puedes mostrarnos que pruebe tu autoridad para hacer esto?" le exige un cambiador de dinero. A pesar del jaleo, los soldados no corren a acabar con el disturbio. Mejor dejar que este loco se explique.

"Destruid este Templo," Jesús afirma, "y yo lo levantaré de nuevo en tres días."

Ahora todos piensan que está loco. "Se ha tardado cuarenta y seis años en construir este templo, ¿y tú lo vas a levantar en tres días?" se burla de él un cambiador de dinero. Entre los que presencian la escena se halla Nicodemo, un devoto fariseo miembro del consejo rector judío, que observa con interés y aguarda la respuesta a la pregunta.

Pero Jesús no dice nada. Sabe que sus palabras no cambiarán los corazones y las mentes de los líderes del Templo. Aunque uno le observa con curiosidad más que con rabia.

Nadie se interpone en el camino de Jesús cuando sale del Atrio de los Gentiles y camina hacia el Templo. Tras él queda el repiqueteo de la plata y el bronce; los cambiadores de dinero se apresuran a recoger las monedas del suelo. Los hombres que venden ganado se lanzan a recoger sus bestias. Son los peregrinos los que continúan asombrados por lo que acaban de presenciar. Muchos de ellos han soñado con hacer exactamente lo mismo. Por su acento de Galilea, su ropaje sencillo, y su físico de obrero manual, resulta patente que es uno de ellos. Para algunos, es un héroe. Y sus actos se discutirán por todas partes.

CAPÍTULO 9

NICODEMO INTERROGA A JESÚS

AÑO 27 D.C., ABRIL ✦ JERUSALÉN

L A NOCHE EN JERUSALÉN ES UN MOMENTO DE CELEBRACIÓN tranquila, en el que los peregrinos buscan cobijo en los patios y en las posadas. Es costumbre ofrecer la propia casa a los visitantes, y hacerlo de buen corazón. No hay suficiente espacio para albergar a todos los viajeros en la ciudad, por lo que muchos acampan en las laderas escarpadas y en los valles en los extramuros de la ciudad. Desde los espesos bosques de árboles en el Monte de los Olivos, a través del Valle de Cedrón, y en la inclinación que lleva hacia la ciudad vieja de David, que se encuentra justo al sur del templo, las familias y los amigos extienden sus mantas y sacos de dormir para pasar la noche bajo las estrellas.

Entre ellos está Jesús. Ha vuelto al templo una y otra vez durante su estancia, coincidiendo con la Pascua, y ha comenzado a predicar desde el claustro del templo conocido como el pórtico de Salomón. Éste es su lugar favorito en el templo e incluso cuando no está escuchando a los estudiosos o uniéndose a ellos para ofrecer sus propias enseñanzas sobre el reino de Dios, Jesús a menudo permanece en esa zona. Dondequiera que va, las multitudes ahora se acercan a él, haciendo preguntas sobre el reino de Dios y escuchando respetuosamente sus respuestas. Jesús se siente cómodo entre el público. Disfruta de la gente y habla con elocuencia, utilizando a menudo parábolas para ilustrar sus enseñanzas.

Fotografía del Monte de los Olivos tomada entre 1860 y 1880.
[Biblioteca del Congreso LOTE 7741]

Estatua de roble de Nicodemo tallada en Francia en la década de 1600. [Biblioteca de Arte Bridgeman]

Jesús ha causado una profunda impresión en un breve período de tiempo. Su ataque contra los mercaderes del templo parece haber dado sus frutos.

Igualmente, Jesús ha causado una gran impresión en otro grupo. Los fariseos, los líderes del templo que viven obsesionados con todos los aspectos de la ley judía, están prestando una atención especial. Se muestran escépticos acerca de Jesús pero desearían tener una información concreta sobre él antes de emitir una sentencia religiosa.

Ahora, al amparo de la oscuridad, el fariseo Nicodemo, que goza de una posición de poder como miembro del consejo de gobierno judío, se acerca a Jesús. Ha elegido la noche, ya que le sería difícil decir lo que tiene en su mente en las estancias del templo al mediodía, donde incluso el campesino más humilde podría escuchar sus palabras. Y Nicodemo sabe que a esta hora tranquila puede tener una conversación ininterrumpida con Jesús.

"Rabino," comienza Nicodemo con deferencia, dando un paso hacia la luz proyectada por los candelabros. Si Jesús se sorprende al ver a un fariseo de semejante estatus saliendo de la oscuridad, no lo demuestra. "Sabemos que eres un maestro que ha sido enviado por Dios," Nicodemo continúa, hablando en nombre de sus compañeros fariseos.

"En verdad os digo, que nadie puede ver el reino de Dios a menos que nazca de nuevo," Jesús responde. Ha estado predicando a todos los que quieran escuchar que una persona debe nacer de nuevo espiritualmente para ser juzgado por la bondad de Dios.

Este es un concepto nuevo para los fariseos. Nicodemo le pregunta asombrado, "¿Cómo puede un hombre nacer siendo viejo? ¿Puede acaso entrar por segunda vez en el vientre de su madre y nacer?"

"La carne nace de la carne, carne es; pero el Espíritu pare un espíritu. No deberías estar sorprendido de que diga 'es necesario nacer de nuevo.'"

Nicodemo está totalmente confundido. "¿Cómo puede ser esto?" pregunta. "Tú eres el maestro de Israel, ¿y no entiendes estas cuestiones?" Jesús responde. Si se siente incómodo sermoneando a uno de los más poderosos líderes religiosos en Jerusalén, no lo muestra. "Porque tanto amó Dios al mundo que entregó a su único Hijo, para que todo aquel que en él cree no perezca y viva eternamente. Porque Dios no envió a su Hijo al mundo para condenar al mundo, sino para salvarlo a través de él."

Nicodemo está intrigado y al mismo tiempo siente una gran frustración. Es un hombre dedicado a las prescripciones de la ley religiosa. Ahora Jesús le está diciendo que Dios es amor, y no cánones. Y añade que el Hijo de Dios ha venido a salvar el mundo, insinuando incluso que ésta es su verdadera identidad. Finalmente añade unas palabras acerca de ser resucitado, como si tal cosa fuera humanamente posible.

Nicodemo ha escuchado las enseñanzas de Jesús en los pasillos del templo, por lo que ya sabe que le gusta predicar usando parábolas, historias que ilustran un principio religioso o moral. Aunque Nicodemo no puede comprender plenamente las aserciones de Jesús, estas le han dado mucho que pensar mientras camina solo remontando la colina de regreso a Jerusalén.

✦   ✦   ✦   ✦   ✦

Jesús ha pasado los meses desde que regresó de Jerusalén viajando por Galilea, predicando sus enseñanzas en las sinagogas. Se ha convertido en una persona notoria, elogiado donde quiera que va por la distinción y claridad de sus enseñanzas. Cierto misterio le rodea también. Nadie puede explicar cómo este hombre sin conocimientos médicos curó a un niño moribundo en el pueblo de pescadores de Cafarnaún. Y circulan algunas historias sobre la inesperada abundancia de abastos que de repente aparecieron en una boda en Caná a la que asistió con su madre. Ahora Jesús está de vuelta en Nazaret sentado entre la gente del pueblo a la que ha conocido toda su vida.

Los hombres de Nazaret oran, entonando sus voces como una sola voz: "Escucha, Israel: el Señor nuestro Dios, el único Dios. Amarás al Señor tu Dios con todo tu corazón y con toda tu alma y con todas tus fuerzas."

Es el Sabbat, día de reposo, y el Sema marca el comienzo del culto que tiene lugar durante el Sabbat. La sinagoga es una pequeña habitación cuadrada con bancos de madera contra cada pared.

Mar de Galilea en Cafarnaún; alrededor de 1900. [Biblioteca del Congreso LC-M32-A-224]

El templo de Jerusalén, con sus sacerdotes, sus salas abovedadas, y los sacrificios de animales, es el centro de la vida judía. La sinagoga local, en cambio, es un lugar íntimo donde los creyentes adoran y predican, leyendo por turnos los pergaminos en los que las Escrituras están redactadas. En la sinagoga no hay sacerdotes, clérigos, o liturgia convenida, y cualquier persona puede desempeñar el papel de rabino o maestro. Además, no hay dinero en las mesas.

Jesús se une a ellos cuando los hombres de Nazaret cantan conjuntamente, recitando las palabras de los Salmos.

Entonces uno de los asistentes da a Jesús el pergamino con las palabras del profeta Isaías. "El Espíritu del Señor está sobre mí," Jesús lee en hebreo, "porque él me ha ungido para traer las buena nuevas a los pobres. Me ha enviado para proclamar la libertad de los cautivos y dar vista a los ciegos, para dar la libertad a los oprimidos y proclamar el año de gracia del Señor."

Jesús permanece de pie, traduciendo las palabras que acaba de leer al arameo para aquellos que no hablan fluidamente en hebreo. Es costumbre estar de pie durante la lectura, para a continuación sentarse mientras se enseña. Así que ahora está sentado con su espalda contra la pared, consciente de que todos los ojos están puestos en él. "Hoy esta escritura se cumple en vuestra presencia," Jesús les informa con calma.

El público se sorprende.

"¿No es este el hijo de José?" se preguntan. Porque si bien ellos conocen la respuesta, las palabras indican algo que Jesús debería recordar: su familia no es la más rica de la ciudad, ni tampoco Jesús es el más inteligente entre ellos. Él es el hijo de José y nada más. En sus ojos, la autoproclamación de Jesús como la persona enviada por Dios para predicar la buena nueva es ofensiva.

Pero Jesús no da marcha atrás. Ha estado esperando esta situación. "En verdad os digo," predice, "ningún profeta es bien recibido en su tierra." Sin tener en cuenta que están en una casa de culto, algunos hombres se ponen en pie y se disponen a atacar. Moviéndose rápidamente, Jesús escapa por la puerta. Pero ellos le siguen. En un esfuerzo conjunto, los hombres que habían estado orando hace unos momentos ahora han cortado cualquier vía de escape. Jesús se ve entonces forzado a huir hacia la afueras de la ciudad, donde un alto acantilado ofrece una visión majestuosa de Galilea.

La intención de los hombres es arrojar a Jesús a su muerte. Y parece muy probable porque Jesús se muestra impotente. Pero en el último minuto se vuelve a enfrentar a sus detractores. Irguiéndose en toda su altura, Jesús alza hombros y muestra su entereza. No es un hombre de presencia amenazadora, pero tiene una figura imponente y muestra una absoluta falta de miedo. Las palabras que pronuncia a continuación nunca serán escritas, y los insultos que estos hombres siguen pronunciando contra él nunca serán parte de las crónicas. Al final los acosadores abandonan su empeño, y Jesús sale ileso.

Y sigue caminando.

✦ ✦ ✦ ✦ ✦

Jesús ha emitido tres declaraciones acerca de su identidad: una ante la muchedumbre en Jerusalén, una ante Nicodemo, el fariseo y la tercera en la intimidad de la sinagoga de su ciudad, y ante la gente que lo sabe todo acerca de él. Tres veces ha declarado ser el Hijo de Dios, una declaración blasfema que puede conducirle a la muerte.

Ahora Jesús está completamente solo, apartado de la vida que había conocido, destinado a vagar por Galilea predicando palabras de esperanza y de amor.

Durante miles de años, esas palabras servirán para unir a miles de millones de seres humanos que creen en las palabras de su evangelio. Pero no van a servir para convertir a los hombres influyentes que detentan el poder sobre la vida de Jesús.

Para ellos, Jesús de Nazaret es un hombre marcado.

CAPÍTULO 10

PREDICANDO DESDE UN BARCO PESQUERO

AÑO 27 D.C., VERANO ✦ CAFARNAÚN, GALILEA ✦ POR LA TARDE

LOS BARCOS PESQUEROS ACABAN DE REGRESAR DESPUÉS DE pasar una larga noche y el día siguiente en el Mar de Galilea, y una muchedumbre se agolpa en los mercados del malecón de Cafarnaún. En un pasadizo en el centro del mercado se concentra la actividad. Los pescadores separan lo que han cogido antes de hacer las cuentas oficialmente para el recolector de impuestos. Mateo, el recolector de impuestos, observa con cuidado quién trae cuánto pescado, y por todos lados los

consumidores se afanan por comprar el pescado más fresco para su cena. Lo que no se venda ese día se enviará por barco a Magdala, donde lo secarán, lo salarán, y lo empacarán bien apretado en cestas listas para ser exportadas a todo el Imperio Romano. Cafarnaún es el puerto con más entradas y salidas del Mar de Galilea. Tanto que un destacamento de cien soldados romanos ha sido destinado allí para asegurarse de que se recaudan todos los impuestos de acuerdo a la ley—y de que se envían de manera inmediata a Herodes Antipas.

Así que Jesús ha venido al lugar perfecto si lo que busca es una gran audiencia, y eso es en verdad lo que busca. El problema, sin embargo, es que Cafarnaún está demasiado concurrido. Nadie podrá oírle por encima del tintinear de los plomos de los pescadores golpeando contra la piedra y los regateos a voz en grito de vendedores y compradores de pescado. Los propios pescadores están exhaustos tras horas de lanzar y recoger sus redes a mano y no parecen de humor como para escuchar un sermón.

Jesús se para a mirar arriba y abajo de las numerosas escolleras, que parecen dedos de una mano, escrutando con cuidado los barcos pesqueros. Se fija finalmente solo en dos de ellos. Conoce a sus dueños y los ve lavando y estirando sus redes de seis metros de ancho, preparando ya su próxima salida. Los dos hombres deshacen nudos y enredos y reemplazan los plomos que han caído. Aunque no sabe casi nada de pesca, Jesús camina con confianza por el muelle y se sube a una de las embarcaciones vacías. Nadie le para.

Mirando hacia la orilla, Jesús ve el techo central de la sinagoga a una

Pescadores con redes en la Antigua Palestina. Grabado en colores. Sin fecha. [Alamy]

manzana del agua. Es más alta que las casas y que las oficinas de los administradores del puerto, recordándole que los ciudadanos de Cafarnaún veneran a Dios y tienen a maestros como a él en gran estima.

Un pescador de veintipocos años camina hacia el barco. Simón, como se le conoce, es simple, sin educación, un hombre impulsivo. Conoció a Jesús el anterior verano. Entonces, Jesús había pedido a Simón y a su hermano, Andrés, que se le unieran cuando caminaba por Galilea predicando su mensaje. Les dijo que podían salvar almas convirtiéndose en "pescadores de hombres." Y aunque Simón aceptó en un principio, también tiene una mujer y una suegra que cuidar. La tarea de ser uno de los discípulos de Jesús y difundir su palabra es difícil de equilibrar con la necesidad de ganarse el sustento. Su entrega a Jesús ha decrecido.

Pero ahora Jesús está de vuelta, de pie frente a él en su barco.

Simón no le pide que se vaya. Le pregunta a Jesús qué quiere. Jesús le dice a Simón que empuje su barco para alejarlo del embarcadero y tire el ancla a unos pocos metros de la orilla. Su voz se oirá mejor por la superficie del lago, y Jesús sabe que todos le prestarán atención si habla desde el agua.

Simón se muestra exhausto y vencido. Ha estado en pie veinticuatro horas, navegando con su pequeño barco por el lago y lanzando las redes una y otra vez. Le duele la espalda de tanto inclinarse por la borda para subir las redes. Necesita agua y comida. Necesita una mullida cama. Pero sobre todo necesita pagar sus impuestos, y la última noche no sirvió de gran ayuda porque Simón no capturó ni un solo pescado.

Quizás Simón no tiene nada que hacer, o quizás no puede afrontar la idea de volver con las manos vacías a casa, donde le esperan su mujer y su suegra. Quizás espera que el maestro le diga unas cuantas palabras que alivien su carga. O quizás simplemente se siente culpable por no haber perseverado en su compromiso con Jesús. Sea por lo que sea, Simón deshace el nudo que ata el barco al muelle y lo empuja, alejándolo de la orilla.

Jesús ha permanecido de pie todo este tiempo. Pero cuando el barco de Simón está suficientemente lejos como para que le puedan escuchar, se sienta, adoptando la postura tradicional para enseñar.

Gracias a Simón y a su barco, Jesús pronto está ofreciendo a todo el malecón de Cafarnaún sus sabias palabras. Como siempre, la gente queda

Sardinas. [Biblioteca de Arte Bridgeman]

abrumada por su carisma. Uno a uno, paran lo que están haciendo para escuchar.

"Vamos a una zona más profunda," Jesús le dice al cansado pescador cuando ha terminado de hablar. "Y echa las redes."

"Maestro," responde Simón, "hemos trabajado bien duro toda la noche y no hemos pescado nada."

Llevar su barco hacia aguas profundas es lo último que Simón quiere hacer, pero se siente sin fuerzas para decir que no.

Así que con Jesús sentado tranquilamente, Simón iza la pequeña vela y dirige su barco hacia las aguas más profundas del Mar de Galilea.

Poco después Jesús y Simón están capturando tantos peces que las resistentes redes empiezan a romperse. El impresionante volumen de carpas, sardinas, y tilapias amenaza con hacer volcar la pequeña embarcación, y Simón se ve obligado a hacer señas a Santiago y Juan, sus compañeros en la cooperativa pesquera, para que vengan a ayudarle.

Más que alegrarse, Simón está aterrorizado. Justo desde el momento en que Jesús subió a su barco, algo profundamente espiritual en su presencia ha hecho que Simón se sienta incómodo. Se siente profano en comparación. Simón se arrodilla sobre la pila de pescado que todavía colea y le ruega a Jesús que le deje solo. "Aléjate de mí, Señor; porque yo soy un pecador."

"No temas," le dice Jesús a Simón, "De ahora en adelante serás un pescador de hombres."

Y así es como Simón—a quien Jesús llama Pedro, que significa "piedra"—se convierte en el primer discípulo o seguidor de Jesús. Pedro no puede explicar por qué Jesús le ha elegido a él para tal honor. ¿Por qué no eligió al rabino local, o a los maestros más devotos de Cafarnaún, o incluso a otros pescadores más devotos? Otros discípulos pronto se unen a Jesús, entre ellos Mateo, el odiado recolector de impuestos de Cafarnaún.

Para comienzos del año veintiocho, Jesús ha seleccionado a doce hombres para seguirle y aprender sus enseñanzas, para que un día ellos puedan ir por el mundo entero a predicar su mensaje.

Cuatro—Pedro, Andrés, Santiago, y Juan—son pescadores. Jesús los ha elegido específicamente porque por su trabajo hablan y entienden muchas lenguas locales—arameo, hebreo, griego, e incluso un poco de

latín. Esto les permitirá hacer llegar las palabras de Jesús a un amplio grupo de potenciales seguidores.

Todos los discípulos son de Galilea excepto uno. Es de una ciudad llamada Kerioth—o Iscariote, como será traducida en el griego de los Evangelios. Se llama Judas. Habla con un cuidado acento del sur de Judea y es tan bueno en asuntos monetarios que Jesús le elige como tesorero del grupo en lugar de elegir a Mateo. Jesús le elige como uno de sus discípulos y se refiere a él abiertamente como un amigo. Un día esto cambiará.

[ARRIBA] *Carpa.* [Biblioteca de Imágenes Mary Evans]

[DERECHA] *Tilapia, también llamada "pez de San Pedro."* [Biblioteca de Arte Bridgeman]

CAPÍTULO 11

EL SERMÓN DE LA MONTAÑA

AÑO 27 D.C., PRIMAVERA / VERANO ✦ A LAS AFUERAS DE CAFARNAÚN

GALILEA ES UNA REGIÓN PEQUEÑA, CON UNAS DIMENSIONES de tan sólo cuarenta y ocho por sesenta y cuatro kilómetros. Sus ciudades están conectadas por una serie de carreteras antiguas y vías romanas transitadas a diario por comerciantes, peregrinos, y los viajeros. Jesús escoge Cafarnaún como su cuartel general, una opción ingeniosa. La comunidad de pescadores está enviando constantemente sus productos a remotos mercados, y los que oyen hablar a Jesús en los alrededores de esa ciudad llevan la noticia de su ministerio cuando se desplazan de un lugar a otro para vender sus cestas cargadas de pescado salado.

Algunos días Jesús se aventura a salir de Cafarnaún para predicar. Las multitudes que lo observan aumentan a medida que pasan los meses, y su popularidad crece. Enseña en las sinagogas y en campos abiertos, en casas particulares, y a lo largo de la orilla del lago.

El Monte de las Bienaventuranzas en Cafarnaún, que se cree que es el sitio del Sermón de la Montaña. [Biblioteca de Imágenes Mary Evans]

Hombres y mujeres abandonan sus quehaceres para oírle hablar, y grandes audiencias se congregan para escuchar su sencillo mensaje que habla del amor y la esperanza de Dios.

A pesar de ello, no todo el mundo lo admira. Podría parecer que un hombre solo predicando un mensaje no combativo no representaría un problema para Roma. Pero el rumor sobre este potencial rebelde judío ha llegado a Pilatos, el gobernador romano. Los espías de Herodes Antipas también vigilan de cerca a Jesús, que es percibido como el sucesor de Juan Bautista.

Imagen contemporánea de la Iglesia de las Bienaventuranzas en las colinas que rodean el mar de Galilea. [Richard T. Nowitz /Corbis]

Y las autoridades religiosas judías en Jerusalén y Galilea, particularmente los fariseos que velan por el cumplimiento de la ley religiosa, observan de cerca a Jesús previniendo cualquier violación de la ley. Cuando las noticias sobre curaciones sobrenaturales realizadas por Jesús comienzan a circular por Galilea, las autoridades religiosas se sienten aún más alarmadas.

Pero Jesús no da marcha atrás.

Es más, su tono se torna más firme. Para las personas pobres y oprimidas de Galilea, el sermón que pronto pronunciará desde una ladera de la montaña fuera de Cafarnaún definirá su lucha de una manera memorable.

"Bienaventurados, los pobres de espíritu, porque de ellos es el reino de los cielos," comienza a Jesús.

"Bienaventurados, los que lloran, porque ellos serán consolados. Bienaventurados los mansos, porque ellos heredarán la tierra.

"Bienaventurados los que tienen hambre y sed de justicia, porque ellos serán saciados.

"Bienaventurados los misericordiosos, porque ellos alcanzarán misericordia.

"Bienaventurados los limpios de corazón, porque ellos verán a Dios.

"Bienaventurados los que traen la paz, porque ellos serán llamados hijos de Dios.

"Bienaventurados los que padecen persecución por causa de la justicia, porque de ellos es el reino de los cielos."

Jesús está sentado, dejando que su poderoso tono de voz lleve sus palabras a la muchedumbre. Hay fariseos entre el pueblo. Y están, sin lugar a dudas, turbados por la manera en que Jesús articula su propia interpretación de la ley religiosa. El sermón está pensado para recordar a los

El Padre Nuestro en arameo y hebreo en la contemporánea
capilla Pater Noster en Jerusalén. [Alamy]

hombres y mujeres de Galilea, que se sienten oprimidos y sin esperanza, que sus circunstancias actuales no durarán para siempre.

"Así es, por tanto, como debéis rezar," Jesús les dice. Nadie habla. La multitud se inclina hacia adelante, tratando de escuchar.

"Padre nuestro que estás en el cielo, santificado sea tu nombre. Venga a nosotros tu reino, hágase tu voluntad en la tierra como en el cielo. Danos hoy nuestro pan de cada día, perdona nuestras ofensas, como también nosotros perdonamos a los que nos ofenden. No nos dejes caer en la tentación, y líbranos del mal."

La muchedumbre contempla asombrada a Jesús cuando este termina su oración. Para los campesinos de Galilea, sus palabras ofrecen consuelo a sus días vividos bajo el dominio romano: la necesidad de confiar en Dios, la preocupación por el sustento diario, la lucha permanente por no acumular deudas, y, finalmente, el recordatorio de que en medio de esta cruel vida, sucumbir a la tentación de mentir, engañar, o robar sólo conducirá a la gente más y más lejos de Dios.

Estas palabras tan trascendentes serán conocidas en lo sucesivo como el Sermón de la Montaña y el Padrenuestro.

La muchedumbre sigue a Jesús en su descenso de la montaña ese día, a través de la hierba alta de primavera y los pequeños cantos rodados de piedra caliza, más allá de los campos de trigo nuevo, acompañándolo todo el camino de vuelta a Cafarnaún.

Allí, poco después de entrar en la ciudad, un hecho asombroso tiene lugar: el oficial militar romano a cargo de Cafarnaún declara ser seguidor de Jesús.

Jesús se asombra. Esta admisión podría terminar la carrera del soldado, o incluso hacer que lo mataran. Jesús se dirige a él. "En verdad os digo," dice con emoción, "que no he encontrado a nadie en Israel con tanta fe."

Legionarios en armadura reglamentaria. Relieve. [Biblioteca de Arte Bridgeman]

CAPÍTULO 12

MARÍA MAGDALENA

AÑO 27 D.C., PRIMAVERA ✦ CAFARNAÚN

Tres meses después del sermón de la montaña, Jesús está en casa de un fariseo. Le ha invitado a cenar para discutir sus enseñanzas. Al fariseo, Simón, no le gusta Jesús. Y demuestra su desacuerdo actuando como un mal anfitrión. A pesar de que Jesús ha caminado en sandalias casi ocho kilómetros por el polvoriento camino que comunica Cafarnaún y Magdala, Simón no le da agua para lavarse el polvo de sus pies, como es la costumbre. Simón tampoco ha besado en la mejilla a Jesús, como es la costumbre para dar la bienvenida, ni ha uncido su frente con aceite, una práctica habitual de señal de respeto con un invitado.

Hay seis mil fariseos en Judea; su nombre significa "los separados," en referencia a su forma de verse como un grupo aparte de otros judíos. Los fariseos, que se han autoproclamado guardianes de la ley religiosa judía, creen que sus interpretaciones de las Escrituras son las únicas válidas.

Pero ahora Jesús ha elegido interpretar la Escrituras él mismo.

Y los fariseos se sienten amenazados al ver cómo los galileos escuchan con atención lo que les dice. Por ello, Simón el fariseo ha invitado a Jesús a cenar con unos amigos, para ver si puede tenderle una trampa y que diga algo blasfemo.

Una mujer joven entra en el cuarto en silencio. Es una prostituta que ha oído hablar de Jesús y que ha sido invitada por Simón para que venga esta noche, como parte de un elaborado plan para poner a prueba a Jesús. El momento es obviamente extraño, puesto que raramente entra una pecadora en la casa de un devoto fariseo. No obstante, María de Magdala—o María Magdalena, como se la conocerá más tarde—está frente a Jesús. En sus manos, sostiene un frasco muy caro de alabastro con perfume.

Todo el mundo sabe cómo se gana la vida María, puesto que en los pequeños pueblos y ciudades de Galilea hay pocos secretos. Pero María ahora cree en el amor y la aceptación que Jesús predica. Ahora, sobrecogida por la emoción, se agacha para verter perfume sobre los pies de Jesús. Pero empieza a sollozar antes

Vasija de alabastro y vasija de cerámica de Líbano antiguo; fechas desconocidas. [Biblioteca del Congreso LC-M32-7594]

de poder abrir el frasco. Las lágrimas de María caen sin cesar y sin ver-
güenza, al tiempo que presiona su cara con fuerza contra los pies del nazareno, los cuales todavía están cubiertos del polvo del camino hasta la
casa del fariseo.

Las lágrimas de María continúan y se mezclan con el perfume que
pone en los pies de Jesús. A continuación le seca los pies con su largo pelo,
besándolos al mismo tiempo en señal de amor y respeto.

Jesús no la detiene.

"Simón, tengo algo que decirte," dice Jesús cuando María abre su
frasco de alabastro y le echa más perfume en los pies. El aroma es encan-
tador y poderoso, y llena la habitación con su dulzura floral.

"Dime maestro," responde Simón tranquilamente.

"¿Ves esta mujer? Entré en tu casa, y no me diste agua para lavarme los
pies; en cambio, ella me ha bañado los pies con sus lágrimas y los ha secado
con sus cabellos. No me saludaste con un beso, pero ella, desde que entré,
no ha dejado de besarme los pies." Jesús le dice al fariseo. "No me pusiste
ungüento en la cabeza, pero ella ha derramado perfume sobre mis pies.
Por esto te digo que sus muchos pecados son perdonados, porque amó
mucho; pero la persona a la que se la ha perdonado poco, ama poco."

Jesús observa a María. Ella levanta los ojos y le mira a la cara. "Tus
pecados te son perdonados," le dice Jesús.

Si Simón buscaba una oportunidad para pillar a Jesús en una trampa
teológica, este es el momento. Los pecados solo pueden ser perdonados
ofreciendo un sacrificio. Para los fariseos, incluso los bautismos que se
llevan a cabo en el río Jordán no perdonan los pecados oficialmente. Y
ahora Jesús está diciendo que *él* tiene la autoridad para borrar el pecado.

Los otros amigos de Simón que han venido a cenar permanecen

boquiabiertos por las palabras de Jesús, especialmente porque las ha pronunciado en presencia de un fariseo tan prominente. "¿Quién es este que incluso perdona pecados?" se preguntan unos a otros.

"Tu fe te ha salvado," le dice Jesús a María Magdalena. "Vete en paz."

Se va, pero no por mucho tiempo. María no es seleccionada por Jesús para servir como uno de los doce discípulos, pero ella los sigue en sus viajes, y nunca vuelve a la vida que una vez conoció. Al final María será uno de los poderosos testigos de los últimos días de Jesús de Nazaret.

CAPÍTULO 13

JUAN BAUTISTA ES ASESINADO

AÑOS 27–29 D.C. ✦ MAQUERONTE, CERCA DE LA COSTA DEL MAR MUERTO

LEJOS, EN LAS MAZMORRAS DE MAQUERONTE, JUAN Bautista espera. Lleva dos largos años apresado en esta montaña en medio del desierto. Las frías y oscuras celdas de la prisión se han construido en la ladera rocosa y, de hecho, algunas no son nada más que cuevas. Suelos, techo y paredes son de una piedra impenetrable. No hay ventanas, y la única luz penetra a través de mínimas rendijas en la gruesa puerta de madera. Es un lugar repleto de soledad y silencio, de humedad y frío, donde es difícil mantener la esperanza durmiendo un mes tras otro sobre el suelo y donde la piel empalidece lentamente por no recibir la calidez del sol. Ha pasado tanto tiempo que la fe inicial de Juan en Jesús como el Mesías está empezando a flaquear. Necesita desesperadamente comunicarse con Jesús y que éste le tranquilice.

Los meses en soledad han permitido a Juan reflexionar sobre su

Vista de la colina de Maqueronte sobre la que se construyó la Fortaleza de Herodes. [dbajurin/123RF]

ministerio. Todavía es un hombre joven, de menos de cuarenta años. Pero cuanto más tiempo pasa en prisión, más piensa que podría acabar ejecutado. La obra de su vida ha consistido en anunciar a la gente la venida del Mesías y ahora necesita saber que no todo ha sido en vano.

De vez en cuando, se permite a los discípulos de Juan que lo visiten. Con uno de ellos, manda un mensaje a Jesús: "Preguntadle," dice el Bautista, "¿eres tú el que ha de venir, o debemos esperar a alguien más?" Pasan semanas y no recibe noticias. El viaje de Maqueronte a Galilea dura solo cuatro días. Juan reza mientras que espera pacientemente noticias de Jesús.

Finalmente oye sandalias arrastrándose fuera de la puerta de su celda. Sus discípulos han vuelto, trayéndole unas palabras muy específicas de Jesús. "Nos ha dicho, 'Id y contad a Juan lo que habéis visto y oído: los ciegos reciben la vista, los cojos andan, los leprosos quedan limpios y los sordos oyen, los muertos son resucitados, y a los pobres se les anuncia el evangelio. Y bienaventurado es el que no se escandaliza de mí.'"

Juan se siente aliviado. Esta es la afirmación que esperaba. Finalmente puede encontrar algo de paz mientras languidece en prisión. Jesús ha afirmado una vez más que es la persona que Juan proclamó públicamente que era: el Hijo de Dios.

Pero hay más. Los entusiastas discípulos añaden que Jesús no solo ha aludido a su nacimiento de una mujer virgen, como predecían las Escrituras, sino que también halagó a Juan, para hacerle llegar sus ánimos. Esto ocurrió cuando Jesús estaba enseñando a una muchedumbre muy cerca de los discípulos de Juan. De hecho, estaban ya yéndose cuando Jesús se aseguró de que escucharan estas palabras: "¿Qué salisteis a ver al desierto?" preguntó a la muchedumbre en referencia a Juan. "¿Una caña agitada por el viento? ¿Un hombre cubierto de vestiduras delicadas? No, los que visten vestiduras delicadas están en los palacios de los reyes. Entonces ¿qué salisteis a ver? ¿Un profeta? Sí, os digo, y aun más que profeta. Éste es de quien está escrito: 'Enviaré a mi mensajero por delante de ti, el cual preparará tu camino antes de ti.'

"Porque en verdad os digo que entre los nacidos de mujer, no hay mayor profeta que Juan Bautista."

✦   ✦   ✦   ✦   ✦

Pasa otro año. Una noche Juan Bautista oye que Antipas está celebrando una fiesta en su palacio en la misma montaña. Antipas ha invitado a los hombres más poderosos de Galilea al banquete. En la sala de los varones, Antipas pide que comience el entretenimiento. Su hijastra Salomé entra y baila, sola. Es tan bella que los hombres no pueden dejar de mirarla. Antipas se siente poderoso y generoso. "Pídeme lo que quieras y te lo daré," le dice a la muchacha.

Salomé es joven e inteligente. Se apresura a salir de la sala para pedir consejo a su madre. "¿Qué debo pedir?" dice Salomé.

"La cabeza de Juan Bautista," responde su madre.

Juan Bautista oye el chirriar de la puerta de su celda que se abre. Un verdugo, portando una espada ancha y afilada entra solo. A la luz de la luna, obliga a Juan a arrodillarse. El Bautista se resigna a su destino. El verdugo entonces levanta su arma por encima de su cabeza y la baja violentamente.

Juan no siente el peso de la hoja de metal que separa su cabeza de su cuerpo.

La voz del que clamaba en el desierto ha quedado en silencio. Herodías ha conseguido vengarse del Bautista por haber condenado su matrimonio. Pero si ella y Antipas piensan que matar a Juan acabará con el fervor religioso que invade Galilea, están muy equivocados. Juan puede haber provocado fuertes emociones al limpiar a los creyentes de sus pecados, pero otra presencia está subvirtiendo la autoridad de manera nunca vista ni oída.

Maqueronte como era en los años veinte del siglo XX. [Biblioteca del Congreso]

CAPÍTULO 14

VENCIDO

AÑO 29 D.C., ABRIL ✦ GALILEA ✦ DURANTE EL DÍA

CON CADA DÍA QUE PASA, AUMENTA EL PELIGRO PARA LA vida de Jesús. Muchos galileos piensan que es Cristo. Por ello, las autoridades romanas prestan cada vez más atención a Jesús: bajo la ley romana, quien se autoproclame rey es considerado culpable de rebelión contra el emperador, un crimen que se paga con la crucifixión. Sabiéndolo, Jesús se cuida mucho de no confirmar de nuevo públicamente que es Cristo.

Los representantes de Roma—el gobernador romano Poncio Pilatos y el administrador judío de Galilea Herodes Antipas—todavía no han hecho nada al respecto. Hasta ahora, Jesús se ha mostrado como un hombre pacífico. Aparte del incidente en el Templo con los cambiadores de dinero, nada de lo que ha hecho pone en peligro la forma de vida romana. Nunca ha sugerido al pueblo de Galilea que se levante contra Roma. Así que les parece suficiente seguirlo a cierta distancia, al menos de momento.

Pero las autoridades religiosas se sienten de otra manera.

Artefactos de escritura romanos, entre ellos un tintero, una lámpara de aceite, un sello, un estilete, y una tableta de cera. Del Museo Verulamium en Inglaterra.
[Biblioteca de Arte Bridgeman]

Liderados por el sumo sacerdote del Templo, Caifás, los fariseos, y los saduceos ven a Jesús como un peligro muy real. Para ellos, lo que predica es una amenaza a su autoridad espiritual.

Pero las objeciones a Jesús por parte de los líderes religiosos conciernen también a otro asunto. Jesús amenaza su forma de vida y su riqueza. Caifás, por ejemplo, ha amasado una fortuna gracias en parte a los impuestos del Templo—beneficios obtenidos de los cambiadores de dinero y de los corderos para el sacrificio—así que se juega mucho.

Estos autoproclamados hombres de Dios han trazado un plan específico para encargarse de Jesús: un arresto tranquilo, seguido de una ejecución rápida.

Pero los líderes religiosos serían considerados impuros si mataran a Jesús a sangre fría. No pueden pagar a alguien para matarle con una espada o estrangularle mientras duerme. No, los fariseos deben respetar

Retrato de un romano con un pergamino en las manos,
siglo I d.C. [Biblioteca de Arte Bridgeman]

las reglas de la tradición, y esto significa matar a Jesús por quebrantar en público la ley religiosa.

En busca de tal ofensa, un selecto grupo de fariseos y escribas viaja ahora de Jerusalén a Galilea para observar y escuchar a Jesús. Son hombres profundamente conocedores de las Escrituras. Si alguien puede encontrar algún problema con las palabras de Jesús, son ellos.

O eso creen los líderes religiosos.

Las cosas les van mal desde el principio. Los fariseos y saduceos se frustran una y otra vez, puesto que Jesús es un rival espiritual e intelectual diferente a cualquier otro con que se hayan enfrentado. A pesar de sus constantes esfuerzos por debilitar sus movimientos interrogándole en público, Jesús es más listo que ellos, y su popularidad no deja de crecer. Los galileos comienzan a seguir sus movimientos con tanta atención que anticipan a dónde va a ir, se le adelantan y le esperan. Las narraciones que hablan de Jesús convirtiendo el agua en vino, haciendo andar al cojo y ver al ciego han electrizado tanto a la región que ahora resulta común que casi todo el que sufre de alguna enfermedad vaya en su busca, aunque significa ser transportado kilómetros y kilómetros para esperar a que aparezca. El hecho es que hasta los propios fariseos quedan desconcertados al presenciar cómo durante un sábado Jesús cura la mano paralizada de un hombre, un acto que los fariseos de manera inmediata y pública condenan como una violación de la ley religiosa.

Jesús usa la lógica y palabras de las Escritura para contrarrestar sus argumentos. Un día de primavera, él y sus discípulos compran carne en un mercado y se disponen a disfrutarla. Pronto, un círculo de fariseos bien vestidos se reúnen en torno a él y le echan en cara no seguir la ceremonia de lavarse las manos. Este rito también incluye lavar los vasos,

platos, y cubiertos antes de comer y es más apropiado para un templo que para una aldea pesquera en Galilea. Desde luego, a los hambrientos discípulos no les apetece en absoluto llevar a cabo un rito tan largo.

Un fariseo le reprocha a Jesús: "¿Por qué tus discípulos quebrantan la tradición de los ancianos? ¡No se lavan las manos antes de comer!"

Jesús mantiene la calma. Comienza respondiendo a una pregunta con otra pregunta, una técnica que usa a menudo. "¿Y por qué vosotros quebrantáis el mandamiento de Dios por vuestra tradición?"

Los fariseos se acercan al grupo. Una muchedumbre de curiosos se congrega alrededor de ellos. Ahora hay un ceñido círculo en torno a Jesús y sus discípulos.

Los fariseos esperan que ahora Jesús diga algo blasfemo y herético. Si lo hace, se le podrá condenar. Lo que desean es oírle proclamarse divinidad, una afirmación pública de Jesús de que es el Hijo de Dios, no un rey terreno, sino uno exaltado por encima de los ángeles y sentado en el trono junto a Dios.

Eso sería suficiente para poder lapidar hasta la muerte a Jesús.

Jesús se pone de pie para dirigirse a los fariseos. Los galileos se acercan incluso más para escucharle. Son artesanos y pescadores simples, de apariencia pobre en comparación con los fariseos. Jesús, galileo como ellos, viste igual que ellos con una toga cuadrada sobre su túnica.

"¡Hipócritas! Bien profetizó Isaías de vosotros!" dice Jesús, mirando directamente a los fariseos y los saduceos. Entonces cita la Escrituras: "'Esta gente con los labios me honra; mas su corazón está lejos de mí. En vano me veneran, enseñando como doctrinas mandamientos de hombres.'"

Jesús no tiene miedo. La fuerza de sus palabras llega a los fariseos por sobre la muchedumbre. Aunque los fariseos han venido aquí a juzgarle, el

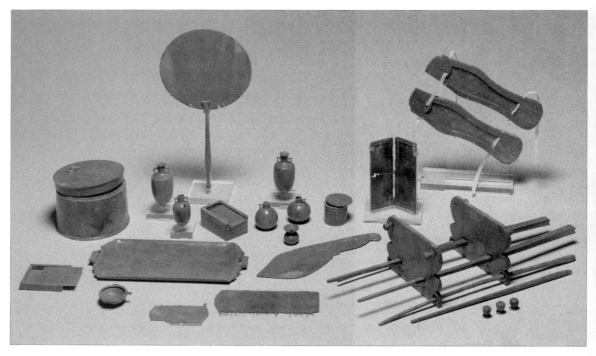

Grupo de pequeños objetos romanos de alabastro, usados para maquillaje y escritura, entre ellos cajas, frascos, peines, un atril para papiro, un espejo, un punzón, y una bandeja. Los que aquí se muestran son objetos mortuorios, fabricados para enterrarlos junto al cuerpo de la persona fallecida, quien los podrá usar en la vida después de la muerte.

[Biblioteca de Arte Bridgeman]

tono de la voz de Jesús deja patente que es él el que les está juzgando. "Habéis abandonado los mandamientos de Dios para mantener tradiciones humanas," increpa a sus acusadores.

Antes de que puedan responder, Jesús se da la vuelta hacia la muchedumbre y dice, "Escuchadme todos y entended esto. Nada que existe fuera de una persona puede contaminar a esa persona; mas lo que sale de la boca, esto sí la contamina."

Los fariseos se alejan de Jesús antes de que pueda socavar más todavía su autoridad. La muchedumbre que queda imposibilita a los discípulos comer en paz, así que Jesús les lleva a cenar a una casa sin que nadie los moleste.

Pero los discípulos están inquietos. Han oído y absorbido tanto de lo que Jesús les ha dicho en el año que llevan juntos y han presenciado tantos acontecimientos extraños y poderosos que no entienden. Son hombres simples incapaces de comprender por qué Jesús se empeña en humillar a los todopoderosos fariseos. Esta creciente batalla religiosa solo puede acabar mal para Jesús, y los discípulos lo saben.

Pedro es el que habla: "Explícanos la parábola," pide, sabiendo que Jesús nunca dice nada en público sin una razón.

Jesús dice, "¿No entendéis que todo lo que entra en la boca, va al estómago, y sale del cuerpo? Mas lo que sale de la boca, del corazón sale; y esto contamina al hombre. Porque del corazón salen los malos pensamientos, muertes, adulterios, inmoralidad sexual, hurtos, falsos testimonios, blasfemias. Estas cosas son las que contaminan a una persona."

CAPÍTULO 15

"¿QUIÉN DICE LA GENTE QUE SOY?"

AÑO 29 D.C., ABRIL ✦ GALILEA ✦ DURANTE EL DÍA

JUDAS ISCARIOTE SE ENCUENTRA ENTRE LOS QUE escuchan las palabras de Jesús. Es el único discípulo que no es de Galilea, lo cual le convierte en un foráneo en el grupo. Nadie lo puede negar. Lleva la misma túnica y las mismas sandalias, se cubre la cabeza para protegerse del sol y lleva un bastón para defenderse de los perros silvestres de Galilea, como los demás discípulos. Pero es del sur, no del norte. Cada vez que habla, su acento recuerda a los discípulos que es diferente.

Ahora las palabras de Jesús le alejan incluso más del grupo. Porque Judas también es un ladrón. Aprovechándose de su papel de tesorero, roba con regularidad del mínimo fondo común de los discípulos. En lugar de permitir que Jesús sea ungido con olorosos perfumes por sus seguidores, Judas ha insistido en que los frascos de perfume se vendan y los beneficios se pongan en la bolsa en la que se guarda el dinero, con lo que puede robar parte del dinero. Todo esto sigue siendo un secreto y, como todos los ladrones, lleva sobre sus espaldas la pesada carga de su pecado.

Aparentemente, Judas cree en las enseñanzas de Jesús y desde luego disfruta de su popularidad. Pero su anhelo de riqueza material es más fuerte que cualquier espiritualidad. Sitúa sus necesidades por encima de las de Jesús y de las de los otros discípulos.

Por un precio adecuado, Judas es capaz de cualquier cosa. Frustrados por su incapacidad para tender una trampa a Jesús, pero también creyendo que tienen suficientes evidencias para arrestarle, los fariseos y los saduceos retornan a Jerusalén y preparan un informe. Y aunque pueda parecer que a Jesús no le incomoda esta atención, la verdad es que la presión le pesa cada vez más. Incluso antes de su visita, Jesús esperaba poder refugiarse en un lugar solitario y dedicarse a reflexionar y rezar. Ahora huye de Galilea, llevándose consigo a los discípulos. Caminan casi cincuenta y cinco kilómetros hacia el norte, al reino gobernado por el hermano de Antipas, Felipe, hacia la ciudad llamada Cesarea de Filipo. Allí son paganos y veneran al dios Pan, una deidad con patas traseras y cuernos de cabra y cara de hombre. Allí a nadie le importa si Jesús dice que es Cristo, ni las autoridades le harán preguntas sobre las Escrituras.

El verano se acerca. El viaje dura dos días por una concurrida carretera romana al este del Valle de Jule. Jesús y sus discípulos están atentos por si un oso o unos bandidos les atacan, pero el viaje se desarrolla tranquilamente. La verdad es que es como si fueran unas vacaciones

para Jesús y sus discípulos, y cuando todavía no han caminado varios kilómetros, Jesús se siente suficientemente revitalizado como para detenerse y relajarse al sol.

"¿Quién dice la gente que soy?" Jesús les pregunta a sus discípulos.

"Unos dicen que Juan Bautista, otros que Elías, o alguno de los profetas de hace mucho tiempo, que ha vuelto a la vida," responden.

A menudo es así cuando viajan: Jesús enseñándoles sobre la marcha o lanzando alguna pregunta al aire para provocar un debate intelectual.

"Y vosotros," pregunta Jesús, "¿quién decís que soy?"

Simón habla. "Tú eres el Mesías, el Hijo de Dios vivo."

Jesús asiente y alaba al impulsivo pescador. "Bienaventurado eres, Simón, hijo de Jonás, porque esto no te lo reveló carne ni sangre, sino mi Padre que está en los cielos."

"No se lo digáis a nadie," añade Jesús, recordándoles que tal afirmación pública conllevará su arresto por los romanos. Se han alejado temporalmente del poder de las autoridades judías, pero Cesarea de Filipo es tan romana como la propia Roma.

Pero si sus discípulos piensan que Jesús ha compartido con ellos su secreto más profundo, se equivocan. "El Hijo del Hombre debe padecer mucho, y ser rechazado por los ancianos, los principales sacerdotes y los escribas," continúa Jesús.

Esto no tiene ningún sentido para los discípulos. Si Jesús es Cristo, entonces un día gobernará la tierra. Pero ¿cómo puede hacerlo sin el apoyo de las autoridades religiosas?

Y si eso no es suficientemente confuso, Jesús añade algo más, una afirmación que se discutirá a través de los tiempos.

"Debe ser muerto," Jesús promete a sus discípulos, hablando de él mismo como del Hijo de Dios, "y resucitar al tercer día."

Los discípulos no tienen ni idea de lo que significa esto.

Ni saben que a Jesús el Nazareno, el maestro que les inspira, le queda menos de un año de vida.

CAPÍTULO 16

LA FIESTA DE LOS TABERNÁCULOS

AÑO 29 D.C., OCTUBRE ✦ JERUSALÉN DURANTE EL DÍA

HA LLEGADO LA FIESTA DE LOS TABERNÁCULOS O SUKKOT, una de las fiestas más importantes del calendario religioso judío. Como en la Pascua, miles de peregrinos viajan a Jerusalén. En esta ocasión, los judíos conmemoran los cuarenta años vagando por el desierto en busca de la Tierra Prometida. Es también la fiesta de la cosecha.

Poncio Pilatos, su esposa Claudia, y tres mil soldados llegan a Jerusalén. La caravana militar de Pilatos ha salido de la fortaleza costera de Cesárea. El gobernador romano hace el viaje a Jerusalén tres veces al año con ocasión de las fiestas judías. El viaje de cien kilómetros los lleva hacia el sur a lo largo del Mediterráneo, a través de una calzada romana. Después de una parada nocturna, la ruta se adentra hacia el interior, atravesando un camino de tierra a

El año religioso judío

L a vida diaria para los judíos en Galilea y Judea giraba en torno a los días sagrados y las celebraciones religiosas. A continuación se muestra el calendario, que comienza en septiembre, mostrando el comienzo del año judío.

El nombre del mes en hebreo aparece subrayado. Este es seguido por los nombres correspondientes de los meses en el calendario occidental. Debajo de los meses se muestran las fechas aproximadas y los nombres de los días sagrados.

TISHRI (septiembre–octubre)

1, 2	Rosh Hashaná (Año Nuevo)
3	Tzom Gedaliahu (Ayuno de Gedalía)
10	Yom Kippur (Día del Perdón)
15–21	Sucot (Fiesta de Tabernáculos)
22	Shemini Atzereth (Octavo Día de la Solemne Asamblea)
23	Simjat Torá (regocijo en la Ley)

HESHVAN o MARHESHVAN (octubre–noviembre)

KISLEV (noviembre–diciembre)

25	Hanukkah (Fiesta de la Dedicación) comienza

TEBET (diciembre–enero)
2–3   Hanukkah termina
10   Asara ser Tebet (Ayuno de Tebet)

SHEBAT (enero–febrero)
15   Tu-bi-Shebat (año Nuevo de los árboles)

ADAR (febrero–marzo)
13   Ta'anit Esther (Ayuno de Ester)
14, 15   de Purim (Fiesta de Purim)

NISÁN (marzo–abril)
15–22   de Pesaj (Pascua)

IYAR (abril–mayo)
18   Lag Baomer (33ª Jornada de la cuenta de Omer)

SIVAN (mayo–junio)
6, 7   Shabuot (Fiesta de las Primicias)

TA MMUZ (junio–julio)
17   Shiva Asar shiv'ah (Ayuno de Tamuz)

AB (julio–agosto)
9   Tishá-b'Ab (Ayuno de Ab)

ELUL (agosto–septiembre)

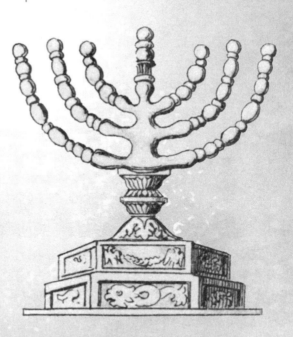

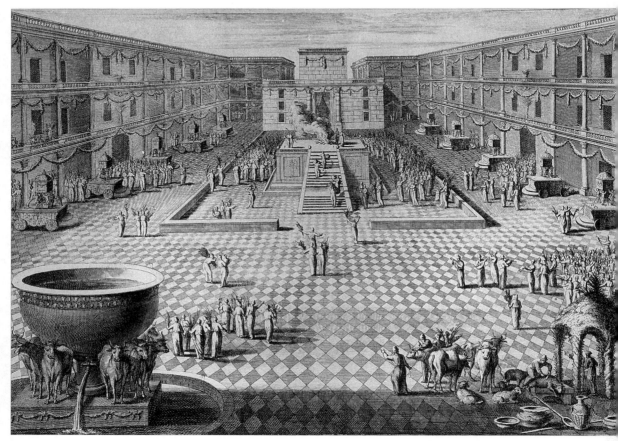

Representación gráfica de la Fiesta de los Tabernáculos en el templo de Jerusalén.
Grabado francés del siglo XVIII. [Biblioteca de Arte Bridgeman]

través de las llanuras de Sharon y remontando las pendientes que anuncian las montañas que conducen a Jerusalén.

Pilatos intenta asegurar una ostensible presencia romana en la Fiesta de Tabernáculos, como tiene por costumbre en cada celebración importante. Por otra parte, Pilatos tiene poca paciencia con las costumbres judías. Y tampoco cree que los judíos muestran suficiente lealtad a Roma. El gobernador intenta mantener un frágil equilibrio durante estas fiestas: si los judíos se rebelan, algo a lo que son propensos cuando se reúnen en grandes masas centenares de miles, él asumirá la culpa, pero si conduce una dura represión, podría ser llamado a Roma por desobedecer la orden de Tiberio que demanda que estos súbditos sean tratados como "un deber sagrado."

Aun así Pilatos sobrelleva las semanas del festival. Él y Claudia se alojan en el fastuoso palacio de Herodes el Grande y salen al exterior sólo cuando es absolutamente necesario.

Para el pueblo judío, Pilatos es un villano. Creen que es una persona "rencorosa y colérica" y hablan de "su venalidad, su violencia, sus robos, sus agresiones, su conducta abusiva, sus frecuentes ejecuciones de detenidos sin haber sido juzgados, y su sempiterna ferocidad."

Sin embargo, uno de los suyos es de hecho tan culpable como Pilatos.

Poncio Pilatos no puede gobernar al pueblo judío sin la ayuda de José Caifás, el sumo sacerdote y líder del Sanedrín. Caifás es un maestro de la política y sabe que el emperador Tiberio no sólo cree que es importante defender las tradiciones judías, sino que tiene al irascible Pilatos atado en corto. Puede que Pilatos esté a cargo de Judea, pero es Caifás que vigila el funcionamiento del día a día de Jerusalén.

Antes de Caifás, los sumos sacerdotes eran títeres de Roma, fácilmente reemplazados por actos de insubordinación. Pero Caifás, un miembro de la secta de los saduceos, ha desarrollado una técnica simple y al mismo tiempo admirable para mantenerse en el poder: mantenerse al margen de los asuntos de Roma.

Roma, por su parte, suele quedarse fuera de las cuestiones del templo. De este modo, Pilatos mantiene su trabajo al tiempo que aumenta el poder de Caifás.

De hecho, Pilatos y Caifás son más similares que diferentes. Pilatos nació en el seno de la próspera clase ecuestre de Roma, y Caifás pertenece a un secular linaje de adinerados sacerdotes del templo. Ambos hombres son de mediana edad y están casados. Cuando Pilatos está en Jerusalén, vive a unos cientos de metros de distancia de la casa de Caifás, en un elegante palacio de la Ciudad Alta. Ambos se consideran hombres devotos, aunque adoren a diferentes deidades.

Al tiempo de la llegada de Pilatos a la ciudad, los discípulos de Jesús van de camino a Jerusalén. Ven este festival como la oportunidad que Jesús está buscando para proclamar su divinidad. De hecho, tratan de darle un consejo, algo que nunca han hecho antes. "Pon rumbo a Judea," ruegan antes de salir. "Nadie que quiera convertirse en una figura pública actúa en secreto. Ya que esta es tu labor, muéstrate al mundo."

"Mi tiempo aún no ha llegado," Jesús responde. "Para vosotros cualquier tiempo será oportuno. El mundo no puede odiaros, pero a mí me aborrece porque yo soy testigo de su maldad. Dirigid vuestros pasos hacia el festival. Yo no me haré ver en esta celebración, porque mi tiempo aún no ha llegado plenamente."

Restos del patio interior del palacio de Poncio Pilatos en Jerusalén. Fotografía contemporánea. [Shutterstock]

Cuando los líderes religiosos ven a los discípulos entrar en la ciudad sin Jesús, sienten una inmediata frustración, una vez más, parece ser que Jesús está poniendo a prueba su paciencia.

"¿Dónde está ese hombre?" se preguntan los fariseos, estudiando los rostros de la multitud que llena los patios del templo. "¿Dónde está ese hombre?"

Los rumores acerca de Jesús surcan el templo al tiempo que dan comienzo las celebraciones. Durante días, las especulaciones se propagan por la ciudad. Nadie sabe con certeza dónde está Jesús, ni siquiera sus propios discípulos. De súbito, cumplida la mitad de los ocho días de celebraciones, Jesús se adentra con sigilo en los patios del templo. En unos instantes, los peregrinos le rodean, escuchando con asombro mientras comparte sus ideas sobre Dios. "¿No es éste al que buscan para matarlo?" se preguntan algunos entre la multitud. "¿Han decidido las autoridades si en realidad es el Mesías?" añaden otros.

Esta idea es recibida con perplejidad, ya que es difícil imaginar por qué el nuevo rey, el salvador, se muestra en una provincia tan retirada como Galilea. En su lugar, debería hacerlo en Belén, la ciudad de David, como anunciaron los profetas.

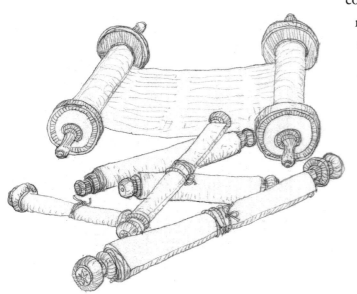

Jesús predica en el templo durante el resto de las festividades. "Yo soy la luz del mundo. El que me siga no andará en tinieblas, sino que tendrá la luz de la vida," le dice a la multitud. "Ahora me marcho," añade Jesús. "Donde yo voy, nadie puede seguirme."

Y poco después de decir esto, Jesús abandona el templo. Mientras los peregrinos viajan de regreso a sus hogares, bien a Egipto, Siria, Galilea, Grecia, Galia, o Roma hablan de Jesús. Muchos creen que es Cristo. Otros no están tan seguros, pero los que han escuchado su voz afirmando que es el enviado de Dios, quieren depositar desesperadamente su fe en él.

Porque crean o no que Jesús es Cristo, los judíos en todas partes del mundo esperan la llegada de un mesías. Cuando llegue ese momento, Roma será derrotada, y sus vidas estarán libres de tributos y de miseria. Nunca más los soldados leales a Roma podrán acorralar judíos como a ganado, para apuñalarlos y golpearlos hasta que las cunetas de su ciudad santa aparezcan ahogadas en sangre judía. Esta esperanza es una vía de salvación que les otorga valor para soportar la crueldad implacable de Roma.

Algunos peregrinos esperan escuchar a Jesús pronunciar: "Yo soy Cristo." Otros están esperando el cumplimiento de la profecía—el momento en que Jesús entre en Jerusalén a lomos de un asno. Entonces y sólo entonces podrán estar seguros de que él es el verdadero Cristo. "Mira, tu rey viene a ti, justo y victorioso, humilde, cabalgando sobre un asno, sobre un pollino, hijo de asna," el profeta Zacarías había predicho quinientos años antes. "Él proclamará la paz entre las naciones. Su dominio se extenderá de mar a mar y desde el río hasta los confines de la tierra."

✦ ✦ ✦ ✦ ✦

Maqueta del Palacio de los Asmoneos en Jerusalén tal y como podría haber sido en el año 66. [Biblioteca de Arte Bridgeman]

Poncio Pilatos está a salvo de vuelta en Cesarea, con el propósito de no regresar a Jerusalén hasta abril y la celebración de la Pascua. Jesús ha abandonado Galilea. Los testigos dicen que está haciendo milagros una vez más. En un relato sorprendente acaecido en la ciudad de Betania, un hombre llamado Lázaro ha regresado de entre los muertos. Lázaro había muerto cuatro días antes y ya había sido enterrado cuando Jesús ordenó que la piedra que cubría la entrada fuese apartada. Llamó a Lázaro, y el hombre salió de la tumba.

"He aquí un hombre dejando muchas señales indelebles," dice un fariseo. "Si lo dejamos seguir así, todos creerán en él, y luego vendrán los romanos y destruirán nuestro lugar santo y nuestra nación."

Caifás está de acuerdo. "No te das cuenta de que es mejor para ti que este hombre muera por el pueblo y no que toda la nación perezca."

No hay nada más que decir.

✦　✦　✦　✦　✦

A la edad de treinta y tres años, Jesús es lo suficiente inteligente como para interpretar cualquier profecía. Su conocimiento de las Escrituras y la comprensión de la fe son enciclopédicos.

Los profetas han sido muy específicos acerca de la forma en que el rey de los judíos iba a nacer e iba a vivir su vida; de la misma forma que lo han sido respecto a cómo va a morir.

Le acusarán falsamente de crímenes que no cometió. Le golpearán.

Le escupirán.

Le desnudarán y los soldados se jugarán a los dados sus ropas.

Le crucificarán con clavos que le atravesarán manos y pies.

Y morirá durante la Pascua.

✦　✦　✦　✦　✦

Han pasado cinco meses. Se acerca la Pascua. Poncio Pilatos está en Jerusalén, se ha instalado en el palacio de Herodes el Grande. Herodes Antipas también ha llegado a la ciudad y se hospeda a sólo una manzana de distancia en el palacio de los Asmoneos. Al mismo tiempo, Caifás se prepara para las celebraciones más grandes del año en su palacio en la Ciudad Alta.

La Semana de Pascua está a punto de comenzar.

Los discípulos comienzan la búsqueda de un burro. A Jesús de Nazaret le quedan seis días de vida.

LIBRO III

LA ÚLTIMA SEMANA
DÍA A DÍA

CAPÍTULO 17

COMIENZA EL VIAJE DE LA PASCUA

AÑO 30 D.C., VIERNES/SÁBADO, 30/31 DE MARZO ✦ BETANIA

"**M**ARCHAMOS A JERUSALÉN," LES DICE JESÚS A SUS discípulos, mientras se preparan para partir con motivo de la Pascua. "El Hijo del Hombre será entregado a los sumos sacerdotes y a los maestros en leyes. Lo condenarán a muerte y será entregado a los gentiles para burlarse de él, ser azotado y crucificado. Al tercer día resucitará en vida."

Si esas palabras inquietan a los discípulos, no lo muestran. Para ellos ha sido un viaje de muchos meses, en lugar de unos cuantos días como el de la mayoría de los peregrinos. Después de la Fiesta de los Tabernáculos, hace de ello cinco meses, Jesús y los discípulos no volvieron a Galilea. En cambio, empezaron un viaje de ida y vuelta. La primera parada, el pueblo de Efraín, a sólo veinticinco kilómetros al norte de Jerusalén. A partir de ahí viajaron en grupo partiendo de Jerusalén, hasta la frontera de Samaria y Galilea. Y luego, cuando llegó el momento de la Pascua, pusieron rumbo en dirección contraria dirigiéndose hacia el sur a lo largo del río Jordán, uniéndose a las largas caravanas de peregrinos que se dirigían a la ciudad santa.

Los discípulos rivalizan por su condición en el grupo durante la marcha a Jerusalén. Santiago y Juan preguntan a Jesús si pueden ser sus principales colaboradores en esta nueva situación, sugiriendo que "uno de nosotros se siente a tu derecha y el otro a tu izquierda en tu gloria." Al oír esto, los otros diez están furiosos. Han seguido a Jesús formando un grupo humilde durante más de dos años, renunciando a sus puestos de trabajo, dejando atrás a sus esposas y cualquier parecido con una vida normal. Todos los discípulos esperan participar en la gloria que vendrá después de que el nuevo Mesías quiebre el dominio romano. Pedro está tan seguro de que Jesús va a utilizar la fuerza militar que está haciendo planes para comprar una espada.

Pero Jesús no tiene intención de combatir ni de formar un nuevo gobierno. En lugar de reprender a Santiago y a Juan, tranquilamente esquiva su petición. A continuación, llama a los discípulos, dándoles instrucciones para centrarse en servir a los demás en lugar de luchar por un puesto. "Porque el Hijo del Hombre no vino para ser servido, sino para servir, y para dar su vida por la redención de otros," les dice.

Una vez más, Jesús predice su muerte. Y sin embargo, los discípulos están tan centrados en el glorioso momento en que se ponga de manifiesto que él es Cristo, que no escuchan que les está diciendo que va a morir pronto. Los romanos no serán derrotados. No habrá nuevo gobierno.

La ignorancia de los discípulos es comprensible. Jesús a menudo habla en parábolas, y la emoción que lo rodea es ahora asombrosa. El amor y la

adoración dirigida a Jesús hacen cualquier conversación sobre la muerte inconcebible. Las muchedumbres de peregrinos tratan a Jesús como si fuera un rey, escuchando con detenimiento sus palabras y saludándole con admiración apasionada. En el pueblo de Jericó, dos ciegos llaman a Jesús, refiriéndose a él como "Señor, Hijo de David," una denominación que sólo se podría aplicar a Cristo. Los discípulos ven reafirmado su entusiasmo cuando Jesús no hace nada para reprender a los ciegos.

Jerusalén se encuentra a cuarenta minutos a pie de la aldea de Betania, donde se detienen a pasar la noche. Se quedan en casa de Lázaro y sus hermanas María y Marta. Esta será su residencia durante toda la semana de Pascua, y Jesús y sus discípulos planean volver aquí casi todas las noches con la promesa de una comida caliente y un descanso tranquilo.

Sabbat, el séptimo día de la semana, comienza al caer el sol el viernes y continúa hasta el atardecer del sábado. Los judíos lo llaman Sabbat. Es un día de descanso obligatorio en la religión judía, en conmemoración de la idea de que después de la creación del universo, Dios descansó. Jesús y los apóstoles pasan el tiempo en silencio, preparándose para la semana venidera.

La casa de Lázaro ofrece Jesús y los discípulos serenidad y alivio lejos de la carretera. La hospitalidad es un aspecto vital de la sociedad judía y se remonta a los días en que el patriarca Abraham trató a todos los huéspedes como si fueran ángeles disfrazados, ofreciéndoles comidas espléndidas de ternera, mantequilla, pan, y leche. Así es que la espaciosa casa de Lázaro, con su gran patio y la sólida puerta para mantener a los intrusos extramuros durante la noche, no es sólo un refugio para Jesús y los discípulos, sino también un vínculo conmovedor con las raíces de su fe judía.

Estatua de piedra de Marta, hermana de Lázaro y María; tallada en el siglo XVI, Iglesia de St. Madeleine, Troyes, Francia. [Biblioteca de Arte Bridgeman]

Marta y María admiran a Jesús, aunque de maneras opuestas. Marta, la mayor de las dos, está constantemente requiriéndole algo. María, por su parte, está cautivada. Se sienta a sus pies y a veces muestra su respeto con la unción de aceite perfumado. A su manera, cada mujer le procura tranquilidad. Se preocupan de que Jesús y los discípulos se quiten sus sandalias y se laven los pies al volver cada noche, de modo que cualquier impureza o infección puedan ser curadas. Una piscina escalonada en la parte baja de la casa ofrece a Jesús un lugar adecuado para bañarse y cambiarse de ropa. Marta y María lavan su ropa cubierta de polvo. Y, por supuesto, Jesús y sus discípulos se lavan las manos antes de sentarse a comer.

Durante la semana de Pascua, Marta y María sirven dos comidas al día. La cena consiste en pan fresco, aceite de oliva, sopa, y a veces carne de res o pescado salado regado con vino hecho en la casa. El desayuno incluye pan y frutos secos porque los melones y granadas están fuera de temporada.

Como Jesús aprendió mientras caminaba carretera en la mañana, los higos y dátiles los huertos locales tardarán aun meses en madurar.

A pesar de que Lázaro realmente disfruta de su compañía, la presencia de Jesús es mucho más que eso. Es un hombre en el que Lázaro confía, al que Lázaro venera y a quien le debe su propia vida.

Recipiente para el ritual del lavado de manos antes de comer, inscrito con la oración pronunciada durante el lavado. Fabricado en latón con cristales de colores; sin fecha. [Biblioteca de Arte Bridgeman]

CAPÍTULO 18

ENTRADA TRIUNFAL EN JERUSALÉN

AÑO 30 D.C., DOMINGO, 1 DE ABRIL ✦ FUERA DE JERUSALÉN

JESÚS Y SUS DISCÍPULOS CAMINAN A LO LARGO DE LA carretera de tierra polvorienta, que viene de Betania, repleta de peregrinos deseosos de cruzar las murallas de Jerusalén a consecuencia de la Pascua. El día es soleado, como ocurre a menudo en esta época del año. Los viajeros caminan dejando atrás plantaciones de dátiles de palma y pequeñas aldeas agrícolas donde los huertos de frutas, viñedos y olivos se suceden junto a campos de regadío donde se cultivan hortalizas.

Antes de entrar por las puertas de Jerusalén, los viajeros se detienen para celebrar el *mikvah*, un baño purificador. Anticipando el olor a cordero asado que se cierne sobre Jerusalén a consecuencia de los festines que se cocinan para celebrar la Pascua, los peregrinos cuentan su dinero, preocupados por cómo van a pagar esas comidas y los inevitables impuestos que tendrán que abonar en la ciudad.

A pesar de los pies doloridos y las piernas lastimadas después de caminar kilómetros y kilómetros, la atracción magnética de Jerusalén está transformando a los viajeros. Sus pensamientos ya no se fijan en sus huertas de vuelta a casa y la cebada que hay que cosechar inmediatamente después de su regreso, sino en la santidad y en la pureza.

Pronto van a ascender a la colina conocida como el Monte de los Olivos y divisarán Jerusalén en todo su esplendor. El templo blanco y dorado resplandecerá, y los poderosos muros del Monte del Templo les asombrarán, como siempre ocurre. Su magnificencia les recordará que han llegado al centro de la vida judía.

Mientras se acercan a Jerusalén, Jesús escoge a dos discípulos y les encomienda una tarea especial. "Id a la siguiente aldea," Jesús les ordena, "y allí encontraréis una burra atada a un poste, junto a ella estará su

Un mikvah, *o baño ritual. Éste se encuentra en las ruinas de la Fortaleza de Herodes el Grande en Masada.* [Corbis]

pollino. Desatadlos. Si alguien os pregunta decidle que el Señor los necesita y los enviará de vuelta inmediatamente."

Más tarde, justo al otro lado de Betfagé, la ciudad donde encontraron el burro, los dos discípulos les esperan. Uno sostiene las riendas del burro. Un discípulo se despoja de su manto y lo posa sobre la espalda descubierta del animal sirviendo como silla improvisada. Los demás discípulos se quitan sus mantos y los ponen en el suelo en un acto de sumisión, formando una alfombra sobre la que el burro puede caminar. Siguiendo este ejemplo, muchos de los peregrinos se libran de sus mantos y los posan en el suelo. Otros se hacen con hojas de palma o ramas de olivo y cipreses, y los agitan con deleite.

Esta es la señal que todos han estado esperando. Este es el cumplimiento de la profecía de Zacarías. "¡Bendito es el rey!" grita un discípulo.

Las personas se unen en la exaltación de Jesús y claman. "Hosanna," corean. "Hosanna en el cielo."

Jesús monta en la burra, y el pueblo se postra ante Él.

"Oh, Señor, sálvanos," imploran, agradecidos de que Cristo por fin haya llegado para salvarlos. "Oh, Señor, concédenos la redención. Bendito el que viene en nombre del Señor." Las palabras de acción de gracias están tomadas de un salmo cantado en la Pascua. Este es el momento que estos sencillos campesinos han estado esperando durante largo tiempo. De todos los miles de peregrinos que partieron desde Galilea, estos son los pocos afortunados que pueden decirle a sus hijos y a los hijos de sus hijos que fueron testigos del gran momento en que Jesucristo entró triunfalmente en Jerusalén.

Pero no todo el mundo se postra a su paso. Un grupo de fariseos ha estado esperando a Jesús, y ahora contemplan la escena con disgusto. Se

dirigen a Jesús, dándole la última oportunidad para evitar la acusación de blasfemia. "¡Maestro!" gritan. "¡Reprende a tus discípulos!"

Pero Jesús se niega. "Os digo," dice dirigiéndose a los fariseos, "si ellos callaran, las piedras clamarían en su lugar."

Otros que han oído que Jesús se dirigía a Jerusalén han salido a su encuentro para recibirle con hojas de palma a lo largo del camino. Este gesto se entiende tradicionalmente como un signo de triunfo y gloria.

El burro se detiene en la cima del Monte de los Olivos. Jesús toma conciencia de la realidad que lo rodea. Las carpas cubren la ladera donde los galileos pobres acampan durante la Pascua. Jerusalén le llama desde el otro lado del pequeño valle del Cedrón, y el templo brilla bajo el sol del mediodía. Una multitud de peregrinos pueblan el sinuoso camino hacia el valle.

La Puerta de Oro que va desde el Monte de los Olivos al Monte del Templo. Fue cegada por los otomanos en 1530.
[Biblioteca de Arte Bridgeman]

El sendero de barro y piedra caliza es muy empinado, y Jesús tendrá que obrar con suma cautela para guiar al burro cuesta abajo sin que tenga un traspié.

Este es su día. Toda la vida de Jesús ha estado dirigida a este momento en el que cabalga para hacer valer su causa y demandar el título de "Rey de los Judíos."

De repente, Jesús comienza a llorar. Tal vez el llanto lo provoca la semana pasada en compañía de sus buenos amigos Lázaro, María, y Marta. Tal vez prevé la eventual destrucción de esta gran ciudad. O tal vez Jesús se ve en Jerusalén sabiendo que su propia magnificencia será de corta duración. Porque él se ha granjeado enemigos poderosos dentro de las murallas de la ciudad.

En su momento de triunfo, Jesús experimenta una gran agonía. Ha considerado largamente las palabras que pronunciará durante la Pascua y el efecto posible que estas tendrán sobre sus seguidores, tanto los antiguos como los nuevos. Sabe que sus pretensiones de ser proclamado rey provocarán su crucifixión. Jesús será sacrificado con la misma certeza que lo serán innumerables corderos durante la Pascua. Es sólo cuestión de tiempo.

Es hora de partir. Al tiempo que la multitud proclama los hosannas y los fariseos miran desde un lugar cercano con su habitual velada displicencia, Jesús arrea el burro para continuar su camino. Paso a paso, con cautela, los dos descienden del monte de los Olivos, cruzan el valle de Cedrón a través un pasillo de adoradores, para remontar majestuosamente la colina que lo conduce a la magnífica y dorada ciudad.

Jesús se muestra sosegado al bajarse de la burra y subir los grandes escalones antes de entrar en las estancias del templo. No ha venido aquí para enseñar, sino como un peregrino, como cualquier galileo, observando las vistas, los olores, y sonidos del templo durante la semana de Pascua.

Los soldados romanos están apostados a lo largo del Atrio de los gentiles, y los guardias del templo, sin duda, observan a Jesús y a las personas que concurren a su alrededor. Pero ninguno de ellos hace un movimiento para arrestar a Jesús. Aprehender a una figura pública tan querida podría causar un motín. Con cientos, miles de judíos en Jerusalén, el más leve altercado podría dar lugar a consecuencias mayores. Los soldados y los guardias están armados, pero su número es minúsculo en comparación con el de peregrinos. Cualquiera que trate de llevarse a Jesús custodiado podría ser hostigado por la multitud de campesinos. La ira provocada por la injusta detención de un hombre tan pacífico se uniría a la rabia latente incitada por los altos impuestos.

Es por la tarde cuando Jesús sale del templo con la intención de volver a Betania antes del anochecer. Jesús y los discípulos vuelven sobre sus pasos para abandonar Jerusalén, dejan atrás las carpas de los peregrinos en el Monte de los Olivos, donde las hojas de palma y ramas de olivo pisoteadas todavía cubren el camino de tierra. A pesar de que las multitudes han dejado claro que ellos querían que fuera su rey y han considerado su llegada como el preludio de su coronación, Jesús no ha dicho ni hecho nada para hacer creer a Caifás o Pilatos que está tramando una rebelión.

CAPÍTULO 19

"HOSANNA"

AÑO 30 D.C., LUNES 2 DE ABRIL ✦ JERUSALÉN ✦ POR LA MAÑANA

AMANECE. JESÚS Y LOS DISCÍPULOS YA ESTÁN EN PIE, caminando a buen paso de Betania a Jerusalén. El pandemonio de la entrada triunfal en la ciudad del día anterior todavía resuena en los oídos de Jesús. Fue adorado por el pueblo como "Jesús, el profeta de Nazaret en Galilea" cuando desmontó a las puertas de la ciudad. Fue una especie de coronación, una celebración. Pero el espectáculo preocupó sobremanera a las autoridades. Jerusalén no ha visto nada similar desde que los rebeldes judíos trataron de capturar la ciudad en el año 4 a.C. y por segunda vez diez años más tarde.

Aquellos rebeldes, desde luego, pagaron sus acciones con la vida.

Jesús lo sabe, tanto como sabe que el gobernador romano, Poncio Pilatos, y el sumo sacerdote judío, Caifás, están constantemente en alerta contra rebeldes y subversivos. Sabe perfectamente que ambos han sido informados por espías y subordinados de que Jesús ha entrado en la ciudad a lomos de un burro, suscitando el entusiasmo entre la muchedumbre reunida para celebrar la Pascua.

Jesús ve una higuera. Él y los doce discípulos están fuera de Betania y Jesús apenas ha desayunado esta mañana. Se dirige él solo hasta el árbol esperando encontrar un fruto, aunque sabe que no es temporada de higos. Busca entre las retorcidas ramas y solo ve hojas. Jesús está enfadado con el árbol. "Nunca jamás coma nadie fruto de ti," dice.

Esta salida de tono no es normal en él, y los discípulos se dan cuenta. De nuevo, el grupo se dirige hacia Jerusalén, directamente al Templo. Han pasado tres años desde que Jesús volcó las mesas de los cambiadores de dinero. Ya no es una figura desconocida; Jesús de Nazaret es ahora famoso. A cada momento le vigilan, con los fariseos esperando que cometa un error al hablar y eso les permita arrestarlo. Los peregrinos se congregan alrededor de Jesús también, incluyendo padres con sus hijos, tal y como hicieron María y José con su pequeño Jesús hace tantos años. Un número sustancial de esta muchedumbre son seguidores de Jesús.

Los niños pequeños empiezan a vitorear a Jesús. "Hosanna al Hijo de David," grita un niño.

Y entonces, como si fuera un juego, otro niño grita lo mismo. Pronto alguien ruega que se le cure, justo allí, en el Templo. Los fariseos, como siempre, observan atentamente. "¿Oyes lo que están diciendo?" los principales sacerdotes y escribas le gritan indignados a Jesús.

Se oyen más hosannas en los patios del Templo, aclamados una y otra vez por niños.

"¿Oyes lo que están diciendo?" repite el sacerdote principal.

"De la boca de los niños y de los que maman fundaste tu fortaleza," les dice Jesús, citando a David.

Vieja higuera en un valle fuera de Jerusalén. Dibujo a tinta de James Tissot,
siglo XIX. [Biblioteca de Arte Bridgeman]

Los líderes religiosos conocen bien el salmo. Es una llamada de Dios a disfrutar la adoración de los niños, para después levantarse y golpear a los poderes de la oscuridad que se enfrentan a él.

Si la interpretación de los fariseos es correcta, Jesús está de hecho comparándolos con las fuerzas del mal.

Pero todavía no se acercan a arrestarle. Ni tampoco intentan pararlo cuando sale del Templo, seguido por sus discípulos.

El sol se está poniendo, y se están encendiendo las primeras hogueras en el Monte de los Olivos. De nuevo Jesús y los discípulos caminan de vuelta a Betania. Por ahora es un hombre libre.

Hace seiscientos años, cuando Jeremías profetizó que el templo sería destruido, fue castigado bajándole a un pozo vacío. Jeremías quedó hundido en el barro hasta la cintura y allí se le abandonó a su muerte.

Pero los tiempos de Jesús son diferentes. No es un hombre solo, sino un revolucionario con una banda de discípulos y una legión creciente de seguidores. Sus estallidos en el Templo son un acto agresivo contra los líderes religiosos más que la predicción pasiva de que un día habría de caer. Jesús tiene una actitud abiertamente antagonista hacia las autoridades del Templo.

En su casa en la pudiente parte alta de Jerusalén, Caifás escucha lo que le cuentan sobre la reacción de las masas a Jesús en el Templo. Ahora se da cuenta de lo peligroso que Jesús ha llegado a ser.

La amenaza debe ser aplastada. Como sumo sacerdote del Templo y la autoridad judía más poderosa en el mundo, Caifás está obligado por la ley religiosa a tomar de inmediato medidas radicales contra Jesús. "Cuando se levantare en medio de ti profeta, o soñador de sueños, y te anunciare señal o prodigios," dice el Deuteronomio, "tal profeta o soñador de sueños ha de ser muerto, por cuanto aconsejó rebelión contra Jehová."

Caifás sabe que Jesús está jugando un juego muy inteligente al usar a las muchedumbres como herramienta para prevenir su arresto. Este es un juego que Caifás está decidido a ganar. Pero para evitar el riesgo de convertirse en impuro, debe ponerse en movimiento antes de la caída del sol el viernes y el comienzo de la Pascua.

Esta es la semana más importante del año para Caifás. Tiene que prestar atención a un sinnúmero de obligaciones y tareas administrativas para que la celebración de la Pascua transcurra sin problemas. Roma le observa con atención a través de los ojos de Poncio Pilatos, y el más mínimo error por parte de Caifás durante esta transcendental festividad puede hacerle perder su puesto.

Pero nada importa más que silenciar a Jesús.

Queda poco tiempo. La Pascua empieza dentro de cuatro cortos días.

CAPÍTULO 20

"AL CÉSAR . . ."

AÑO 30 D.C., MARTES, 3 DE ABRIL ✦ JERUSALÉN ✦ POR LA MAÑANA

AMANECE. LA CUENTA ATRÁS HACIA LA PASCUA CONTINÚA al tiempo que aumenta el entusiasmo entre los ciudadanos de Betania. En la casa de Lázaro, Jesús y sus discípulos se lavan las manos y comen pan antes de dirigirse hacia el Templo.

El grupo pronto se une a una columna de viajeros. Hoy Jesús predicará en los patios del Templo y ha preparado algunas parábolas que explicarán complejos asuntos teológicos de manera que hasta el menos culto de cuantos le oigan lo entenderá.

"¡Rabino, mira!" exclama un discípulo cuando pasan la higuera en la que ayer Jesús buscó un fruto. Sus raíces se han secado. "¿Cómo se ha marchitado esta higuera tan rápidamente?" pregunta el discípulo.

"Os aseguro que, si tenéis fe y no dudáis, no solamente podéis hacer lo que le pasó a la higuera, sino que si decís a esta montaña 'vete y tírate al mar,' así ocurrirá. Todo cuanto pidáis orando con fe, lo recibiréis," responde Jesús.

Los discípulos quedarán maravillados durante años por lo que le ha pasado a esa higuera. Escribirán sobre ello sobrecogidos, incluso décadas después, y citarán estas dos frases de respuesta de Jesús.

Conforme se acerca a Jerusalén, Jesús sabe lo que le espera. Podía percibirlo ayer, cuando los líderes religiosos merodeaban, alejados un poco de las muchedumbres, observándole atentamente actuar con sus seguidores. Estos sacerdotes y fariseos llevan esta semana túnicas que son incluso más resplandecientes de lo normal, eligiendo las prendas más caras y coloridas como forma de distanciarse de unos peregrinos vestidos con ropas mortecinas. Las túnicas de los sacerdotes son un recordatorio de que son miembros vitales del Templo, no meros visitantes.

Sandalias encontradas en una excavación en Masada, Israel, del siglo I d.C. [Biblioteca de Arte Bridgeman]

Mientras tanto, Jesús sigue vistiéndose como un galileo normal. Lleva la misma túnica de una pieza y, sobre ella, una toga simple. Las sandalias le protegen de pequeñas piedras afiladas y de palos, pero no del polvo. Así, tras caminar de Betania a Jerusalén, Jesús a menudo está sucio, en comparación con los fariseos, muchos de los cuales pueden bañarse y tienen piletas rituales en sus casas cercanas. Y aunque su acento suena rural en los confines de la ciudad de Jerusalén, no hace ningún esfuerzo por ocultarlo. Más bien le resulta provechoso, puesto que a menudo los líderes religiosos le subestiman, como si fuera cualquier otro peregrino de Galilea.

Jesús y sus discípulos pasan por las puertas de la ciudad. Espías romanos y autoridades religiosas vigilan ahora cada uno de sus movimientos, así que su llegada no les pasa desapercibida. Jerusalén es ahora más ruidosa y festiva cada día, conforme llegan peregrinos de todo el mundo. Voces que hablan en griego, arameo, latín, egipcio, y hebreo flotan en el aire. El balido de los corderos es otra constante, puesto que los pastores traen a la ciudad decenas de miles de pequeños animales para el sacrificio del viernes.

Jesús entra en los patios del Templo. Elige un lugar a la sombra de la marquesina de Salomón y comienza a predicar.

Jesús cuenta una parábola sobre un terrateniente adinerado y el problema que tenía con sus aparceros. Concluye con una enseñanza en la que los líderes religiosos perderán su autoridad y serán reemplazados por otros cuyas creencias son más legítimas.

Entonces Jesús cuenta una segunda parábola sobre el cielo, que compara con una boda en la que Dios es el padre del novio y prepara un lujoso banquete para los invitados de su hijo. De nuevo, los líderes religiosos

aparecen al final, una pulla sobre un invitado que llega vestido inadecuadamente y a quien se le ata de pies y manos antes de ser expulsado de la ceremonia. "Porque muchos son los invitados," dice Jesús del cielo, "pero pocos son los elegidos."

Un nuevo grupo de sacerdotes del templo ha sido enviado para desafiar a Jesús. Asumiendo que les resultará muy difícil pillar a Jesús en una afirmación religiosa inadecuada, tratan de arrastrarle hacia la política. "¿Cuál es tu opinión?" le preguntan. "¿Es lícito pagar impuesto al César, o no?"

"¿Por qué me estáis poniendo a prueba?" se irrita Jesús. Pide a alguien que le dé un denario. "¿De quién es esta imagen y la inscripción?" les pregunta sujetando la moneda.

"Del César," responden.

"Entonces dad al César lo que es del César," les dice Jesús. "Y a Dios lo que es de Dios."

De nuevo la gente queda maravillada. Aunque César es un hombre temido, Jesús ha puesto a Roma en su sitio sin ofenderlo directamente. La brillantez de estas palabras perdurará a través de los siglos.

Retrato de César Augusto en una moneda romana del siglo I a.C.
[Biblioteca de Arte Bridgeman]

Derrotados en su misión, el grupo se aleja. Pronto serán reemplazados por los saduceos, una secta del Templo más pudiente y liberal, entre los cuales se encuentra Caifás. Una vez más, intentan entrampar a Jesús con un acertijo religioso y una vez más se muestran incapaces.

Poco después es el turno de los fariseos. "Maestro," pregunta su líder, un hombre conocido como experto en la ley, "¿cuál es el mandamiento más importante de todos?"

Para los fariseos existen 613 mandamientos religiosos. Aunque a cada una de ellos se le asigna una mayor o menor importancia, hay que cumplirlos todos. Pedirle a Jesús que elija uno es una manera inteligente de llevarlo a un callejón sin salida, obligándole a defender su elección.

Pero Jesús no elige uno de los ya establecidos. En su lugar, articula uno nuevo: "Amarás al Señor tu Dios con todo tu corazón y con toda tu alma y con toda tu mente y con toda tu fuerza. Este es el primer y más grande mandamiento."

Los fariseos se quedan en silencio. *¿Cómo se puede argüir nada contra eso?* Entonces Jesús continúa y añade un segundo mandamiento: "Amarás a tu prójimo como a ti mismo. No hay otro mandamiento mayor que éstos."

Julio César, grabado del siglo XIX.
[Biblioteca de Arte Bridgeman]

Jesús ha derrotado ya a las mentes más preclaras del templo. Pero no se contenta con la victoria y se va. En su lugar, critica a los sacerdotes delante de los peregrinos. "Todo lo que hacen, lo hacen para ser vistos," dice a la muchedumbre. "Aman los lugares de honor en los banquetes y los primeros asientos en las sinagogas. Aman los saludos respetuosos en la plazas y que les llamen 'Rabino.'"

Finalmente Jesús sale del Templo y no se le verá en público hasta el momento de su arresto. De camino a la salida, se gana definitivamente la pena de muerte al predecir la destrucción del Templo.

Jesús dice estas palabras a sus discípulos, pero los fariseos las oyen. Esta afirmación se convertirá en un crimen capital.

Poco tiempo después, cuando oscurece, Jesús se sienta en la cima del Monte de los Olivos. Una semana que comenzó exactamente en el mismo sitio, con él sollozando a lomos de un burro, le encuentra ahora reflexionando. Con los discípulos sentados a su lado, Jesús habla usando parábolas para que puedan entender el significado de sus palabras, en las que les dice que vivan su vida al límite. Los discípulos le escuchan fascinados, pero también con preocupación creciente cuando Jesús predice que tras su muerte ellos también serán perseguidos y muertos. Quizás para reducir el impacto de sus palabras, comparte con ellos sus pensamientos sobre el cielo y promete a sus discípulos que Dios se revelará a ellos mismos y al mundo.

"Como sabéis," concluye Jesús, "quedan dos días para la Pascua, y el Hijo del Hombre será entregado y crucificado."

Exactamente al mismo tiempo que Jesús habla, los sacerdotes principales y los ancianos están reunidos en el palacio de Caifás, inmersos en un frenesí. Matar al profeta es la única solución, y les queda poco tiempo.

Primero, hay que arrestar a Jesús. Después del arresto debe haber un juicio. Pero de acuerdo con la ley religiosa no puede haber juicios durante la Pascua y tampoco se pueden hacer de noche. Si van a matar a Jesús, tienen que arrestarlo al día siguiente o el jueves y juzgarlo antes de que se haga de noche. Para complicar incluso más la situación, la ley religiosa obliga a que si se produce una condena a muerte, debe pasar al menos una noche antes de que la sentencia se lleve a cabo.

Caifás sabe que lo más importante ahora es detener a Jesús. Todos los otros problemas se pueden afrontar según vayan llegando. Sin embargo, ninguno de los peregrinos que se han amontonado en torno a Jesús en el

El Monte de los Olivos visto desde la carretera de Betania entre 1900 y 1920. [Biblioteca del Congreso LC-M32-159]

Templo debe enterarse, o podría haber disturbios. Una confrontación como esa significaría que Poncio Pilatos tendría que intervenir y se le echaría la culpa a Caifás.

Por ello el arresto tiene que llevarse a cabo con cautela.

Para eso, Caifás necesitará ayuda. No lo sabe, pero precisamente uno de los discípulos de Jesús planea prestársela.

Lo único que el traidor quiere a cambio es dinero.

CAPÍTULO 21

JUDAS ISCARIOTE, TRAIDOR

AÑO 30 D.C., MIÉRCOLES, 4 DE ABRIL ✦ JERUSALÉN ✦ DE NOCHE

JUDAS ISCARIOTE VIAJA SOLO. JESÚS HA DECIDIDO descansar todo el día y ahora está en casa de Lázaro con los otros discípulos mientras que Lázaro camina a Jerusalén. Han pasado cinco días desde que los discípulos llegaron a Betania y tres desde que Jesús entró a Jerusalén a lomos de un burro. Jesús todavía no ha anunciado públicamente que es Cristo, ni ha dado ninguna señal de que liderará una rebelión contra Roma. Pero ha enfurecido a los líderes religiosos, lo cual le ha puesto a él y a los discípulos en el punto de mira. "Entonces os entregarán para que os persigan y os maten, y os odiarán todas las naciones por causa de mi nombre," predijo Jesús ayer cuando estaban sentados en el Monte de los Olivos.

Judas no se unió a Jesús para que le odiaran o para morir ejecutado. Si Jesús admitiera que es Cristo, entonces triunfaría sobre los

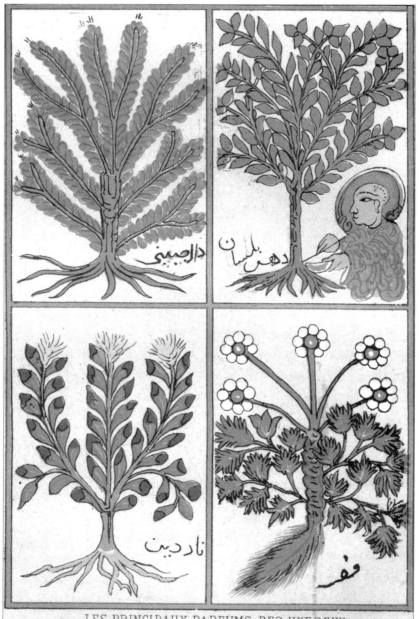

LES PRINCIPAUX PARFUMS DES HEBREUX
D'APRÈS UN MANUSCRIT ARABE PERSAN DU 12ème SIÈCLE

1. Darchini, Cinnamome – 2. Duhn balsân, Baume de Judée – 3. Nârdin, Nard
4 Phū, Nard indien *(Valeriane)*

romanos. Seguro que entonces las autoridades religiosas querrán alinearse con él. Todas estas conversaciones sobre la muerte deben acabarse.

Así que Judas decide obligar a Jesús a hacer algo.

Tomó la decisión hace unos minutos durante la cena. María, la hermana de Lázaro, se acercó a Jesús para ungirle con perfume. Partió el grueso cuello de un frasco y vertió nardo, un aroma exótico importado de la India, sobre su cabeza en señal de devoción.

Judas expresó su irritación ante tal derroche de dinero. La Pascua en particular es una festividad en la que es costumbre dar dinero a los pobres. Esta vez no es él el único que se enfada. Varios discípulos están con él, hasta que Jesús acaba con la discusión.

"Dejadla," Jesús ordena a sus discípulos "¿por qué la molestáis? Buena obra ha hecho conmigo. Porque a los pobres siempre los tendréis con vosotros; y cuando queráis les podréis hacer bien; pero a mí no siempre me tendréis. Ella ha hecho lo que ha podido; se ha anticipado a ungir mi cuerpo para la sepultura." Una vez más, las palabras de Jesús resultan desconcertantes. Se permite ser proclamado Cristo y sin embargo predice su muerte.

Judas se pone en camino cautelosamente por la carretera de tierra. Su viaje podría ser una estupidez. Lo sabe. Porque su intención es ir directamente al palacio de Caifás, el hombre más poderoso del mundo judío. Judas cree que tiene una oferta de gran valor que interesará al líder del Sanedrín.

Judas es un conocido discípulo de Jesús, sin embargo, y su estrategia bien podría acabar en su arresto. E incluso si no le ocurre nada, Judas

Página de un manuscrito de botánica del siglo XII.
[Biblioteca de Imágenes Mary Evans]

no sabe siquiera si un líder religioso encumbrado como Caifás recibirá a un seguidor de Jesús que ni siquiera se ha lavado.

De camino del valle a las puertas de Jerusalén, Judas navega por entre el jaleo de calles atestadas hacia los barrios ricos de la parte alta de la ciudad. Encuentra la casa de Caifás y les cuenta a los guardias a qué ha venido. Es un alivio cuando le reciben calurosamente y le llevan a una rica sala donde el sumo sacerdote se encuentra reunido con otros sacerdotes y con los mayores.

La conversación se centra inmediatamente en Jesús.

"¿Qué estáis dispuestos a darme para que yo os lo entregue?" pregunta Judas.

Si a los sacerdotes principales les sorprende el comportamiento de Judas, no lo muestran. Su meta es manipular a Judas para que haga cualquier cosa para asegurarse de que el arresto de Jesús se lleve a cabo pronto y con sigilo.

"Treinta piezas de plaza," es la respuesta.

Al cambio, son 120 denarios. El equivalente de cuatro a seis meses de sueldo de un obrero.

Durante dos años, Judas ha llevado una vida precaria, y rara vez ha tenido más que algunas monedas en la bolsa, con muy poco de lo que se pudiera considerar un lujo. Y ahora el sumo sacerdote le ofrece un lucrativo botín por elegir un momento y un lugar alejado del templo en el que arrestar a Jesús.

Judas es un intrigante. Lo ha planeado todo de modo que las circunstancias le favorezcan y sabe que si acepta el dinero ocurrirán una de estas dos cosas: Jesús es arrestado y entonces se declara Cristo. Si Jesús es de verdad el Mesías, entonces no tendrá ningún problema para salvarse de Caifás y los sacerdotes principales.

Pero si Jesús no es Cristo, morirá.

En cualquier caso, Judas no perderá la vida.

Judas y Caifás sellan el trato. El discípulo traidor promete ponerse de inmediato a buscar un lugar para entregar a Jesús. Esto supondrá también coordinarse con los guardias del Templo para organizar el arresto. Tendrá que escabullirse de Jesús y los discípulos para avisar a sus nuevos aliados de su paradero. Eso puede ser difícil.

Se cuentan treinta piezas de oro delante de Judas. Repiquetean una tras otra cuando van cayendo en la bolsa de Judas. El traidor ha recibido su dinero por adelantado.

Judas camina de vuelta a Betania. Se pregunta cómo explicará su ausencia a Jesús y a los demás y dónde esconderá un botín tan grande y ruidoso.

Pero todo saldrá bien, seguro. Porque Judas estás convencido de que es más listo que sus compatriotas y se merece una recompensa en esta vida.

CAPÍTULO 22

LA ÚLTIMA CENA

AÑO 30 D.C., JUEVES, 5 DE ABRIL ✦ JERUSALÉN ✦ POR LA NOCHE

JESÚS TIENE MUCHO QUE HACER EN MUY POCO TIEMPO. Debe definir finalmente su vida a sus discípulos. Según se acercan las últimas horas antes de la Pascua, planea una última comida para compartir con sus discípulos antes de despedirse, puesto que ellos han sido los testigos de su legado. Y debe confiar en que ellos lo leguen a su vez a otras personas.

Pero aunque estas cosas resultan de vital importancia, hay algo que le frena: la terrorífica perspectiva de su cercana muerte. Como cualquier otro ciudadano de Galilea y Judea, conoce el horroroso dolor y la humillación que espera a los condenados a morir en la cruz. Jesús cree sin duda que debe consumar lo que está escrito en las Escrituras, pero el pánico le está atenazando.

Por ello, se centra en su mensaje final a sus discípulos.

✦ ✦ ✦ ✦ ✦

La ciudad entera de Jerusalén se encuentra sumida en las frenéticas preparaciones de última hora para la Pascua. Todo debe resultar

perfecto en esta festividad. Hay que comprar un cordero para el festín; y no cualquier cordero: uno inmaculado, macho y de un año. En todas las casas debe desaparecer todo rastro de pan hecho con levadura, el pan que se hace por el sistema de fermentación, la cual se produce si se pone en agua algún grano como trigo, cebada, avena, o centeno. La creencia tradicional es que Moisés y los israelitas hubieron de huir de Egipto sin que el pan tuviera suficiente tiempo para levar; por ello, los productos con levadura están prohibidos en la Pascua, en recuerdo de aquella huida. En todas las casas de Jerusalén, las mujeres barren los suelos con esmero y limpian las encimeras porque incluso una mera miga puede conllevar impureza. En la casa de Lázaro, Marta y María limpian y barren con esmero. Cuando caiga el sol, Lázaro irá por la casa con una lámpara de aceite en una búsqueda simbólica de restos de productos con levadura. Si no encuentra ninguna—como espera—declarará la casa lista para la Pascua.

Interior de la estructura que existe en la actualidad en el lugar donde la tradición sitúa la Última Cena, conocido como la planta alta del Cenáculo.
[Biblioteca de Arte Bridgeman]

Mujer de Galilea, *ilustración de James Tissot.*
[Biblioteca de Arte Bridgeman]

Incluso en la casa palaciega del sumo sacerdote Caifás, esclavos y siervos buscan en la enorme vivienda pan con levadura. Friegan pilas, hornos, y cocinas. Esterilizan cacerolas y sartenes por dentro y por fuera hirviendo agua en ellas y metiendo un ladrillo dentro, de modo que el agua se desborde. No obstante, no necesitan comprar un cordero para el sacrificio, puesto que la familia de Caifás es propietaria de toda la franquicia del Templo.

En el antiguo palacio de Herodes el Grande, donde Poncio Pilatos y su mujer, Claudia, de nuevo padecen la Pascua, no se lleva a cabo ningún preparativo. El gobernador romano comienza el día afeitándose, puesto que le gusta la moda imperial del pelo corto y el afeitado perfecto. No le importa en absoluto la tradición judía y no sigue sus costumbres. Hoy tomará su *ientaculum*, *prandium*, y *cena*—desayuno, comida, y cena—en las cuales se incluye pan hecho con levadura. Por ello el palacio no se considera limpio. De hecho, Caifás y los sacerdotes principales evitarán entrar en el palacio de Herodes incluso cuando la festividad se acerca, por miedo a convertirse en impuros por su contacto con los romanos y su forma de vida pagana. Para Caifás esto es en realidad una bendición, puesto que le asegura unas pequeñas vacaciones en las que no tiene que tratar con los judíos y sus interminables problemas.

O eso cree.

+ + + + +

Judas Iscariote observa a Jesús con callada intensidad, esperando que revele sus planes para la Pascua. Sería fácil pedirle al sumo sacerdote que envíe guardias del Templo a casa de Lázaro, pero arrestar a Jesús tan lejos de Jerusalén podría ser un desastre. Demasiados peregrinos lo verían encadenado de camino a la ciudad y podría tener lugar la revuelta que tanto temen los líderes religiosos.

Judas está convencido de que ninguno de los otros discípulos sabe que ha traicionado a Jesús. Así que aguarda a que llegue la ocasión, escuchando y esperando cuando Jesús llama a sus seguidores y les dice que es hora de caminar de vuelta a Jerusalén. Es difícil pensar que Jesús no volvería a la ciudad sagrada al menos una vez más durante su estancia. Es posible incluso que Jesús esté esperando al final de la Pascua para revelar que es Cristo. Si es así, las Escrituras dicen que eso debe ocurrir en Jerusalén. Tarde o temprano, Jesús volverá a la ciudad sagrada.

+ + + + +

Es ya casi de noche cuando Jesús se pone al frente de los discípulos para comer juntos por última vez. Un generoso benefactor ha alquilado una sala para Jesús en la parte baja de la ciudad. En el centro, hay una mesa larga y rectangular, con almohadones en los que apoyarse. El espacio es cómodo, suficientemente grande como para que las conversaciones puedan ser privadas, pero suficientemente pequeño como para que pronto suenen ruidosas y festivas.

Jesús manda a Juan y a Pedro por delante para que encuentren la sala y

preparen la mesa. Este es con toda seguridad un momento de gran tensión para Judas Iscariote, porque por fin sabe que Jesús piensa volver a Jerusalén, pero no sabe la hora ni el lugar exacto; incluso cuando obtenga esa información tendrá que encontrar la forma de escabullirse y alertar a Caifás.

Una vez en la sala, Jesús comienza la velada con un gesto de humildad, lavando con agua los pies de todos y cada uno de los hombres. Esta es una tarea que se reserva normalmente a esclavos y sirvientes, y desde luego no es propia de un venerado maestro de la fe. Los discípulos se sienten conmovidos por esta servidumbre y la humildad que implica. Jesús los conoce profundamente y los acepta sin juzgarlos. El tiempo que han pasado

juntos ha cambiado la vida de todos los que están en la sala. Y mientras que Jesús, con cuidado y amor, lava de sus pies el polvo del camino, aumenta el profundo afecto que sienten por él.

Durante la cena, Jesús convierte sus ánimos en desesperanza. "En verdad os digo," dice Jesús, "que uno de vosotros me traicionará."

Los discípulos no han estado prestando mucha atención a su líder. La cena se ha servido y están reclinados, charlando entre sí mientras que con las manos van cogiendo la comida de pequeños platos. Pero de repente, en el aire flota la conmoción y la tristeza. Todos y cada uno de los discípulos repasan mentalmente alguna señal de duda o debilidad que pudiera hacer que alguno de ellos entregara a Jesús. "¿Acaso soy yo, Señor?" preguntan, uno por uno. La pregunta recorre la mesa.

"Es uno de los Doce," les asegura Jesús. "El que mete la mano conmigo en el plato. El Hijo del Hombre se va, tal y como está escrito de Él; pero ¡ay de aquel hombre que traiciona al Hijo del Hombre! Mejor le fuera no haber nacido."

La conversación toma nueva vida, con cada uno de ellos preguntando a su vecino por la identidad del traidor. Pedro está especialmente inquieto. Le hace una seña a Juan, cuyo cojín está junto al de Jesús.

"Pregúntale a quién se refiere," dice Pedro.

"Señor, ¿quién es?" pregunta Juan. Está sentado a la derecha de Jesús, mientras que Judas está a su izquierda.

"¿Acaso soy yo, Maestro?" espeta Judas.

"Tú lo has dicho," responde Jesús tranquilamente. "Lo que vas a hacer, hazlo pronto."

En la sala hay mucho ruido porque los hombres hablan entre ellos y la mayoría no oye las últimas palabras entre Jesús y Judas porque los dos hombres están sentados uno al lado del otro. Judas se pone en pie y sale rápidamente y algunos dan por hecho que va a por más comida y bebida.

El traidor sale a la oscuridad. Tanto él como Jesús saben dónde va. Jesús se fio una vez de Judas, dándole el cargo de tesorero de los discípulos, y le llamó públicamente su amigo. Pero como ocurre a menudo cuando hay dinero de por medio, los años de amistad se evaporan rápidamente.

Aferrado a su bolsa con el dinero, Judas camina por las calles y callejones de la parte baja de la ciudad, y sube la empinada colina que le lleva hasta Caifás, donde describe los planes de Jesús.

CAPÍTULO 23

JESÚS ES APREHENDIDO

AÑO 30 D.C., JUEVES, 5 DE ABRIL ✦ HUERTO DE GETSEMANÍ ✦ ÚLTIMA HORA DEL DÍA

BIEN ENTRADA LA NOCHE. JESÚS Y SUS DISCÍPULOS caminan a través del Valle de Cedrón hacia un campo de olivos llamado Getsemaní en la falda del Monte de los Olivos. Aunque él sabe que sus discípulos deben estar agotados tras el vino y la comida, les pide montar guardia mientras él sube la ladera para encontrar un lugar en el que estar solo.

"Sentaos aquí, mientras voy a orar," ordena a los hombres antes de subir la empinada pendiente. "Mi alma está consumida por la tristeza, como si de la muerte se tratara," dice a sus discípulos. "Quedaos aquí y velad."

La luna, casi llena, proporciona mucha luz. Jesús busca un lugar

Fotografía de 1857 del Jardín de Getsemaní mirando hacia Jerusalén. [Biblioteca de Arte Bridgeman]

retirado en la oscuridad y comienza a rezar: "Padre, todo es posible para ti. Aparta de mí este cáliz. Mas no se haga como yo quiero, sino tu voluntad."

Es un momento de angustia y desesperación. Jesús sabe que va a morir. Será una muerte sangrienta en una cruz romana, con todo el dolor y el escarnio público que implica. Las personas que han sido inspiradas por sus palabras en el templo, serán testigos de su humillación, y no van a entender cómo un hombre que dice ser el Hijo de Dios puede permitir que lo crucifiquen.

Sería mucho más fácil si Jesús pudiera escapar. Podría seguir remontando la colina y caminar seguidamente de vuelta a Betania. Por la mañana, viajaría de regreso a Galilea, donde formaría una familia y envejecería en silencio. Jesús no cree que esta misión terrenal sea la suya. Así que acepta su destino y no emprende la huida.

Después de pasar cerca de una hora rezando, Jesús vuelve al jardín para encontrar a sus discípulos profundamente dormidos. "¿No habéis sido capaces de velar una hora?" les pregunta.

Los discípulos no saben qué responder. Una vez más, Jesús les pide que permanezcan despiertos mientras él regresa al mismo lugar apartado para continuar rezando.

En la soledad de la noche, suplica tener el valor para soportar todo lo que está por venir. "Padre mío, si no es posible que este cáliz pase sin que yo lo beba, hágase tu voluntad," Jesús ora.

Jesús camina de vuelta por la pendiente para ver a sus discípulos. Se han vuelto a dormir no dando síntomas de preocupación o de angustia. Jesús sube la colina de nuevo para orar por última vez. Finalmente regresa con sus discípulos, exhausto. Ya es pasada la medianoche, el aire es cada vez más fresco. Jesús está cubierto apenas por su túnica y un manto, que le proporcionan poca protección contra el frío. Cuando una vez más entra en el jardín de Getsemaní, Jesús sabe que es hora de aceptar su destino.

"Arriba," dice a sus discípulos con voz firme. Puede ver claramente las antorchas y la formación que se acerca desde el otro lado del valle del Cedrón. En lugar de huir, Jesús de Nazaret espera.

✦ ✦ ✦ ✦ ✦

El traidor Judas guía a un grupo de guardias del templo a través del jardín. Cada uno de los hombres lleva bien una estaca o una espada, y algunos también portan antorchas y faroles que borran la oscuridad. Sin embargo, la luz no es lo suficientemente resplandeciente como para permitir a los guardias distinguir cuál de los hombres con barba presente ante ellos es Jesús. Judas, que había anticipado esta situación, se dirige a Jesús.

"Saludos, Rabino," dice con frialdad, besando a Jesús en la mejilla. Esta es la señal acordada entre Judas y los guardias del templo.

Jesús responde: "Haz lo que viniste a buscar, amigo."

Luego se vuelve y mira a los guardias. "¿Quién es al que buscáis?"

"Jesús de Nazaret" es la respuesta.

"Soy yo," responde Jesús.

Estos guardias no son soldados romanos, sino empleados judíos de los claustros del templo. Son hombres vigorosos, familiarizados con la fuerza necesaria para hacer un arresto. Antes de que las muñecas de Jesús puedan ser atadas, sin embargo, Pedro desenfunda su nueva espada y corta la oreja de uno de los hombres.

"Enfunda tu espada," Jesús ordena al siempre impulsivo Pedro, "aquellos que empuñen la espada morirán por la espada." Entonces Jesús se somete a ser atado y llevado a su confinamiento.

Para Judas, todo ha ido según lo planeado. A estas horas, pocos han presenciado esta emboscada.

Y así es que Jesús, sus captores, y Judas marchan a través del valle hasta el palacio de Caifás, el sumo sacerdote, en la víspera de la Pascua. Puesto que esto acaece en mitad de la noche, no es posible juzgarle. Si hay que observar la ley religiosa, entonces Jesús tiene que esperar hasta la mañana para enfrentarse a sus acusadores. Y de acuerdo con esas mismas leyes, si se dicta una sentencia de muerte a la mañana siguiente, el obligatorio día de espera antes de la ejecución vendría a significar que a Jesús le quedan uno o dos días de vida.

Jesús no cuenta con que sus discípulos vengan a su rescate. De hecho, si lo hiciera, su esperanza sería inútil, pues sus seguidores aterrorizados le han abandonado, desapareciendo en la noche.

CAPÍTULO 24

CAIFÁS JUZGA A JESÚS

AÑO 30 D.C., VIERNES, 6 DE ABRIL ✦ JERUSALÉN

ENTRO DE LAS PUERTAS DE JERUSALÉN, EL GRUPO MARCHA hacia la Ciudad Alta hasta alcanzar el palacio de Caifás. En el patio, Jesús no ve a Caifás, sino a su suegro, el sumo sacerdote, Anás, el envejecido líder de una dinastía sacerdotal que se remonta mil años. Un somnoliento Anás está ante Jesús. Anás media la cincuentena, un hombre cuya vida entera ha girado en torno a la acumulación de riqueza y poder. Como patriarca, Anás considera que el futuro de la dinastía familiar descansa en la manera en que conduzca la situación que concierne a Jesús.

Preguntan a Jesús por qué cree que ha sido detenido. "Por haber hablado abiertamente al mundo," dice. "Siempre he enseñado en sinagogas y en el templo, donde todos los judíos se reúnen. No he dicho nada de manera disimulada. ¿Por qué me preguntas a mí?

Pregunta a los que me escucharon. De cierto ellos saben lo que he dicho."

El patio está en calma. De repente Jesús, sorprendido, recibe un golpe inesperado y fuerte a la cara.

La agresión parece proceder de la nada, un golpe en la cabeza propinado por un guardia del templo de mal talante. "¿Es esta la forma en que respondes al sumo sacerdote?"

Jesús se tambalea. El opulento palacio parece oscilar. Sus manos siguen atadas, y no pueden protegerse ni defenderse. Pero del mismo modo en que Jesús absorbe el golpe, habla sin miedo. "Si dije algo equivocado, dime en qué falté a la verdad," le dice finalmente Jesús al guardia. "Pero si he dicho la verdad, ¿por qué me golpeas?"

✦ ✦ ✦ ✦ ✦

Mientras considera cómo conducir la situación, Anás tiene mucho en juego. El título de sumo sacerdote se asume de por vida. Roma lo prefiere de esa manera, ya que asegura el flujo ininterrumpido de dinero. Anás, sus hijos, y su yerno Caifás se turnarán sucesivamente en la función de sumo sacerdote. Ellos controlan la venta de corderos del templo durante la Pascua, así como reciben una comisión de cada transacción realizada por los prestamistas. Fuera de Jerusalén, los sumos sacerdotes poseen vastas granjas y fincas. Los beneficios de estas actividades, además de la tasación impuesta sobre los habitantes de Judea, son compartidos con Pilatos y, eventualmente, con el emperador romano Tiberio.

Los sumos sacerdotes están lejos de ser independientes. Es una lección que Anás aprendió cuando fue destituido de su cargo por el predecesor de Poncio Pilatos, Grato, por haber dictado y ejecutado sentencias de

Anás y Caifás, *cuadro de James Tissot,*
siglo XIX. [Biblioteca de Arte Bridgeman]

muerte, actos que habían sido prohibidos por el gobierno imperial. Cometer el mismo error dos veces, o permitir a Caifás cometer este error, podría ser catastrófico.

✦ ✦ ✦ ✦ ✦

Todo lo vinculado al interrogatorio de Jesús es ilegal: Se lleva a cabo durante la noche, Jesús es impelido a incriminarse a sí mismo sin la presencia de un abogado y Anás no tiene autoridad para dictar sentencia. También es muy inusual que un preso sea llevado a la residencia personal del sumo sacerdote y no a las celdas de la prisión en el cuartel romano.

Pero Jesús ha cometido un grave delito al interrumpir el flujo de los fondos del templo a Roma cuando volcó las mesas de los cambiadores de dinero. Esa línea de financiación es responsabilidad personal de Anás. Cualquier persona que interfiera en la adquisición de beneficios debe ser castigado. Eso, por supuesto, incluye a Jesús y a todos y cada uno de sus discípulos. Anás está decidido a dar un ejemplo de lo que ocurre a los que desafían la autoridad del templo.

Normalmente, los hombres como Jesús se inclinan ante él, pidiendo misericordia en lugar de recurrir a la lógica en esta hora terrible, pero está claro que Jesús no se inclinará ante ningún hombre. Y Jesús posee una gran erudición.

Quizás un tiempo a solas con los guardias del templo le hará cambiar de actitud. Anás ordena a un grupo de guardias del templo escoltar el prisionero a un lugar tranquilo en los jardines del palacio donde podrán pasar algún tiempo juntos.

Jesús, todavía atado, es conducido aparte. Una convocatoria urgente tiene lugar en Jerusalén. El Sanedrín debe reunirse inmediatamente.

✦   ✦   ✦   ✦   ✦

Jesús no puede ver. La noche es oscura, y la venda que cubre sus ojos le impide captar la luz mínima que proyectan las antorchas.

Pero puede oír muy bien, y las palabras a él dirigidas tienen por finalidad destruir la integridad de su ánimo. "Profetiza," un guardia del templo le dice despectivamente. Jesús se tambalea debido a otro fuerte golpe. "¿Quién te golpeó?" el guardia se burla.

Puños y patadas vienen de todos lados. No hay escapatoria y no hay tregua.

"¿Quién te golpeó?" los guardias repiten una y otra vez, mientras lanzan más golpes. "¿Quién te golpeó?"

La paliza se prolonga durante horas, hasta que los guardias del templo se cansan y deciden no continuar con su juego salvaje.

En el momento en que Jesús es conducido a la casa de Anás para comparecer ante el Sanedrín, está ensangrentado y magullado. Su rostro está

hinchado. El agotamiento y la debilidad causada por la pérdida de sangre hacen que le sea difícil permanecer en pie, y aún más arduo articular argumentos coherentes que le puedan salvar.

Sin embargo, una vez más, Jesús, atado y herido, debe levantarse ante sus acusadores y argüir su caso para salvar la vida.

La ley requiere que una persona detenida debe ser conducida a las estancias del templo. Pero no Jesús. Está de pie en la casa familiar de Anás delante de los setenta y un miembros del Sanedrín, como queda registrado. Ya no tiene los ojos vendados, Jesús ve los mosaicos que decoran los suelos y las novedosas pinturas que cuelgan de las paredes.

A pesar de la hora tardía, la noticia de la detención de Jesús recorre Jerusalén. Una pequeña multitud se reúne ahora en el patio, calentándose alrededor de las pequeñas hogueras. Un segundo grupo espera fuera, aguardando alguna noticia a las puertas de entrada del palacio. Dos de los discípulos han reconsiderado su decisión de abandonar a Jesús y se han arriesgado a ser detenidos al estar aquí. Se encuentran rodeados de hombres leales a Caifás.

Jesús observa, uno a uno, a los sacerdotes de Caifás testificar en su contra. Se presentan ante el Sanedrín y mienten descaradamente sobre Jesús, improvisando historias ficticias sobre lo que ha dicho y hecho. El Sanedrín escucha con atención, esperando la acusación que les permita dictar la pena de muerte.

Durante todo el proceso, Jesús no dice nada.

Seguidamente llega la acusación que el Sanedrín ha estado esperando. "Este hombre," juran dos hombres leales a Caifás, dijo, "'Yo puedo destruir el templo de Dios y reconstruirlo en tres días.'"

Caifás ha permanecido sentado durante el curso de este proceso ilegal que él preside. Pero ahora, de repente se levanta y avanza hacia Jesús. Jesús no rebate esta acusación y esto alimenta su ya de por sí intensa furia.

"¿No vas a responder?" Caifás exige con indignación. "¿Qué es este testimonio que estos hombres usan contra ti?"

Jesús permanece en silencio. Puede ver la pregunta formándose en los labios de Caifás. Todos los que están en la sala quieren una respuesta a esta pregunta. De hecho, es la pregunta que cientos de miles aquí en Jerusalén desean que sea contestada. Pero así como Jesús anticipa lo que Caifás está a punto de preguntarle, también se da cuenta de que no existe una respuesta adecuada. Su muerte es inminente, no importa lo que diga.

"Yo te conjuro," porfía Caifás, "por el Dios verdadero: dinos si tú eres el Mesías, el Hijo de Dios."

Silencio. En el exterior, los primeros pájaros de la mañana están revoloteando y se oyen las conversaciones de los transeúntes. Pero en esta sala pública donde Caifás generalmente socializa y donde conduce de manera privada los asuntos oficiales del templo, nadie pronuncia ni una sílaba, ya que esperan con ansiedad la decisión de Jesús: *¿Hablará finalmente?*

Jesús contesta: "Si te lo digo, no me vas a creer, y si te lo pidiera, no responderías. Pero de ahora en adelante, el Hijo del hombre estará sentado a la diestra de Dios Todopoderoso."

"¿Eres *tú* el Hijo de Dios?" preguntan los sacerdotes.

"Lo soy," les dice.

Entonces Jesús mira directamente a Caifás: "Y veréis al Hijo del Hombre sentado a la diestra del Todopoderoso, entre las nubes del cielo."

"¡Ha blasfemado!" el sumo sacerdote le dice al Sanedrín. "¿Para qué necesitamos más testigos? Mirad, ahora mismo habéis oído la blasfemia. ¿Qué pensáis?"

La ley religiosa dice que cada miembro del Sanedrín debe emitir un voto al dictar sentencia. Pero en este caso no hay votación. El veredicto se aprueba por un consenso simple, a pesar de las voces disidentes provenientes de Nicodemo y de un rico saduceo llamado José de Arimatea.

Está saliendo el sol. Jesús ha sido declarado culpable de blasfemia y condenado a muerte. El siguiente paso es convencer a Poncio Pilatos para que pida a sus verdugos romanos que ejecuten la sentencia.

CAPÍTULO 25

HERODES JUZGA A JESÚS

AÑO 30 D.C., VIERNES, 6 DE ABRIL ✦ JERUSALÉN

E N EL OTRO EXTREMO DE JERUSALÉN, EN LA FORTALEZA Antonia, la docena de hombres que componen el pelotón de ejecución romano se sientan para disfrutar del *ientaculum*, su principal comida del día. Lo más probable es que no pueda volver a los cuarteles para probar el más frugal *prandium* al mediodía, por lo que saborean su gran porción de gachas. A menudo se sirve con queso y miel para proporcionarles más energías ante la ardua tarea que les espera. No hay ningún fruto en temporada en este momento, pero hay pan y jarras de cerveza rebajada y vino tinto sobre la mesa comunal.

Hay unos cuantos hombres condenados en las mazmorras de

[PÁGINAS SIGUIENTES] *Maqueta del Monte del Templo, como podría parecer en el año 66. Las torres delimitan las cuatro esquinas de la Fortaleza Antonia.*
[Biblioteca de Arte Bridgeman]

piedra donde esperan para ser crucificados. En breve, se les llevará al patio para ser azotados, el *verberatio*, como se conoce entre los romanos.

Los postes de castigo están permanentemente colocados allí para esta tarea. Ubicado en la parte superior de cada poste hay un anillo de metal. Cada hombre condenado será conducido hasta ese punto con las manos atadas. Los verdugos le despojaran de su ropa y lo obligaran a ponerse de rodillas antes de atar sus manos, posicionadas sobre su cabeza, al anillo de metal.

Los asesinos profesionales que ahora desayunan tranquilamente azotarán a los condenados hasta que apenas conserven su último aliento. Sin embargo, tan horrible como la laceración pueda parecer, es sólo el comienzo de la agonía. El *verberatio* es tan solo un mero preludio de la crucifixión.

Los soldados terminan sus gachas y apartan la mesa.

Es hora de ir a trabajar.

✦ ✦ ✦ ✦ ✦

Jesús, ya condenado, es conducido al palacio de Poncio Pilatos. El eco que provocan sus sandalias, las de Caifás, las de otros sumos sacerdotes del Sanedrín, y los guardias del templo, al impactar con los adoquines les envuelve. Todavía es temprano en la mañana, y Jerusalén está despertando.

Caifás exige una audiencia inmediata con Pilatos. Pero dado que el sumo sacerdote no puede entrar en una residencia gentil en los días previos a la Pascua solicita que sea Pilatos quien cruce la puerta. Se trata de una grave violación de su relación, pero Caifás espera que Pilatos lo entienda.

Lleva un tiempo avisar a Pilatos y que el prefecto se vista antes de

dirigirse hacia la puerta. No puede sentir agrado al ver a los guardias del templo, a los sacerdotes ricamente ataviados, y a un prisionero claramente en avanzado estado de degradación física.

"¿Qué cargos tienes contra este hombre?" Pilatos pregunta en un tono huraño.

Soldados romanos con escudos y lanza. Dibujo alemán hecho a mano; sin fecha. [Archivos pictóricos North Wind]

Caifás ha estado temiendo este momento. Porque aunque quiere que los romanos maten a Jesús, la acusación de blasfemia es un delito judío. Algo en lo que Roma no tiene interés alguno. Y Pilatos, con su poca paciencia con los judíos, no es de los que arriesgaría su carrera al permitir que sea la ley judía la que dicte quién es ejecutado.

"Si éste que ante ti traemos no fuera un malhechor, no te lo habríamos entregado," responde Caifás, evitando la pregunta.

Pilatos no es convencido tan fácilmente. "Lleváoslo y juzgadlo de acuerdo a vuestras propias leyes."

"Pero no tenemos derecho a ejecutar a nadie," Caifás responde.

"No encuentro ninguna razón para acusar de delito alguno a este hombre," responde Pilatos.

Otro de los sacerdotes alza su voz. "Este hombre ha agitado Judea con sus enseñanzas. Comenzó en Galilea y ha llegado hasta aquí."

"¿Es galileo?" responde Pilatos. En esta simple pregunta, ve una manera de deshacerse de este enredo. El Sanedrín le está comprometiendo claramente en una trampa política. Pero si Jesús es galileo, este asunto le concierne a Herodes Antipas. Galilea está bajo la jurisdicción del tetrarca y Antipas se aloja en un palacio a poca distancia de donde se hallan.

Pilatos se niega a aceptar bajo su custodia a Jesús. Ordena que los congregados se retiren y que el prisionero sea presentado a Antipas. Una vez más, Jesús camina por las calles altas de Jerusalén al amanecer. No hay ninguna señal de los peregrinos, ni de los campesinos de Galilea ni de otros judíos de extracción más humilde, porque no tienen ninguna razón para estar errando a través de este barrio privilegiado a una hora tan temprana. Puede verse a los esclavos barriendo los porches de las casas de sus dueños, mientras en sus estancias los ricos señores disfrutan de sus desayunos.

Pero si Pilatos piensa que ha escapado de la trampa del Caifás, está equivocado, puesto que poco después el grupo del templo al completo, incluyendo a Jesús, está de vuelta.

Herodes Antipas mostró su satisfacción al conocer finalmente a Jesús y pasó un corto tiempo evaluándolo. El tetrarca incluso pidió un milagro para su propio deleite.

Antipas no teme a Caifás o a los sumos sacerdotes, porque ellos no tienen ningún poder sobre él. Así que incluso cuando lanzan ráfagas de acusaciones contra de Jesús, con la esperanza de atraer al tetrarca a su causa, Antipas se niega a escuchar. Dejarse arrastrar hacia una lucha de poder entre el templo y Roma sería muy imprudente. Además, la muerte de Juan Bautista le tiene agitado. Lo último que Antipas desea es la sangre de otro predicador en sus manos.

A pesar de que Jesús se niega a realizar un milagro, Antipas no ve razón alguna para condenarlo a muerte. Deja que sus soldados se diviertan, lo que les permite burlase de Jesús y ridiculizarlo al cuestionar su realeza antes de colocar un viejo manto militar sobre los hombros del prisionero. Es de color púrpura, el color de los reyes.

CAPÍTULO 26

PILATOS JUZGA A JESÚS

AÑO 30 D.C., VIERNES, 6 DE ABRIL ✦ JERUSALÉN

AHORA, UNA VEZ MÁS, PILATOS ESTÁ A LAS PUERTAS DE SU palacio, ponderando qué hacer con Jesús. Se está quedando sin opciones. Por razones obvias, no puede ordenar a los judíos que liberen a Jesús, porque eso significaría interferir en sus leyes religiosas, y el emperador Tiberio ha dejado muy claro que esa no es tarea de los gobernadores romanos.

Aun así, no tiene por qué aceptar al prisionero. Puede resolver que Jesús sea enviado a la Fortaleza Antonia, hasta que la Pascua haya terminado, incluso mucho después de que termine, cuando Pilatos haya abandonado la ciudad. Por encima de todo, Poncio Pilatos no quiere problemas. Así que finalmente envía a Caifás de vuelta, y de mala gana acepta la custodia de Jesús.

El destino de Jesús está ahora en manos de Roma.

✦   ✦   ✦   ✦   ✦

Poncio Pilatos tiene curiosidad. "¿Eres tú el rey de los Judíos?" le pregunta a Jesús. El gobernador está sentado en un trono desde donde conduce los juicios, con su mirada descendiendo sobre un patio al aire libre pavimentado con losas. Una pequeña audiencia contempla la escena.

Pilatos ha elegido este lugar por muchas razones. Se encuentra cerca del lugar donde se aloja su pequeña guardia personal. Este patio no se encuentra en realidad en el palacio, sino adosado a él. Su peculiar arquitectura permite a Pilatos dirigirse a sus súbditos desde una posición elevada, a la vez que le provee de una puerta privada al palacio a través de la cual los presos como Jesús pueden ser expuestos y juzgados, para a continuación ser llevados de regreso a las celdas de la prisión.

Otra ventaja de la ubicación es que al no estar en realidad dentro de la residencia, los judíos pueden entrar en la víspera de la Pascua. Los sacerdotes del templo y los discípulos de Caifás están presentes, vigilando cuidadosamente los procedimientos para informar a su líder. Están ahí para asegurarse de que la sentencia dictada por Caifás y el Sanedrín es ejecutada.

"¿Esa idea es tuya, o es que otros te han hablado de mí?" Jesús le interpela.

"¿Soy yo judío?" Pilatos le pregunta. "Fue tu propia gente y los sumos sacerdotes quienes te entregaron a mí. ¿Qué es lo que has hecho?"

"Mi reino no es de este mundo. Si lo fuera, mis partidarios pelearían para evitar mi arresto. Pero mi reino no es de aquí."

"¡Eres un rey!" dice un Pilatos asombrado. Esta es una buena noticia para el gobernador; al declararse a sí mismo como soberano, Jesús ha cometido un crimen contra Roma y el emperador. Desde este momento,

es una seria amenaza para el orden público. Lo que suceda a continuación puede ser justificado.

"Tú eres quien dices que yo soy un rey. De hecho, la razón por la que nací y vine al mundo es para dar testimonio de la verdad. Todo aquel que está del lado de la verdad escucha mi voz," Jesús responde.

"¿Cuál es la verdad?" Pilatos le pregunta, ahora fascinados por Jesús.

Pero si el romano estaba esperando una respuesta a esa pregunta, se siente decepcionado, ya que Jesús guarda silencio.

Pilatos vuelve su atención hacia los discípulos del templo judío que llenan el patio. Desde su posición elevada, puede evaluar la reacción del grupo.

Es habitual que el prefecto romano libere a un reo durante la Pascua. En este momento Pilatos ha dado con una solución simple que le podría ayudar a resolver esta situación políticamente inestable: otorgará al pueblo la opción de liberar al pacifico Jesús o al horrible Barrabás, un conocido terrorista y asesino cuyos crímenes verdaderamente merecen una condena.

"¿Queréis que libere al rey de los judíos?" Pilatos pregunta a la multitud.

La respuesta le sorprende. Pero Pilatos no sabe que las personas a las que se dirige tienen la orden proveniente de los sumos sacerdotes y los ancianos clérigos de garantizar la ejecución de Jesús. No son los peregrinos judíos quienes quieren la muerte de Jesús, ni la mayoría de los habitantes de Jerusalén. No, se trata de un pequeño puñado de hombres que se enriquecen a través del templo. Para ellos, un hombre que dice la verdad es mucho más peligroso que un asesino en serie.

"¡Danos a Barrabás!" gritan de nuevo.

CAPÍTULO 27

LACERADO

AÑO 30 D.C., VIERNES, 6 DE ABRIL ✦ JERUSALÉN

MIENTRAS JESÚS ESTÁ SIENDO JUZGADO, LAS celebraciones propias de la Pascua comienzan en el templo. A pesar de la falta de sueño durante la noche pasada, Caifás y los sacerdotes no pueden permitirse el lujo de descansar durante la mañana. No tardan en caminar a través del puente que une la Ciudad Alta con el templo y se preparan para continuar con sus quehaceres diarios. A esta hora comienzan a formarse largas filas de peregrinos, y el incesante balido de los corderos resuena en el aire.

Los primeros sacrificios se llevarán a cabo al mediodía, de acuerdo con la ley. Los sacerdotes se reúnen; algunos llevan cuencos de plata y otros de oro. Se usan para recoger la sangre del cordero una vez su garganta es seccionada. Los cuencos se llevan al altar y allá la sangre se vierte en señal del sacrificio. Hay un coro también, junto con los hombres que honrarán este gran día con las descargas de sus trompetas de plata.

✦ ✦ ✦ ✦ ✦

Poncio Pilatos no muestra ningún interés por lo que está sucediendo en el interior del templo. El foco de su atención es el problema que tiene frente a él. El gobernador romano no cree que la ejecución de una figura tan popular como Jesús sea una decisión inteligente. Cualquier inquietud que surja después de una ejecución de este tipo sin duda le será transmitida al emperador Tiberio y la responsabilidad recaerá sobre Pilatos.

Así que en vez de crucificar a Jesús, Pilatos lo condena a ser azotado. Espera que esto apacigüe al Sanedrín. El gobernador romano llama a los sumos sacerdotes y los ancianos de la iglesia conjuntamente para anunciar esta decisión. "Me habéis traído a este hombre como alguien que estaba incitando al pueblo a la rebelión. Yo le he interrogado delante de vosotros y no encuentro justificación para los cargos que sustanciáis en su contra. Tampoco los tiene Herodes, porque nos lo mandó de vuelta; como se puede ver, no ha hecho nada que merezca la muerte. Por lo tanto, será castigado y luego lo dejaré ir."

Tras unos instantes, Jesús es despojado de sus ropas y conducido al poste donde lo flagelarán.

Jesús se yergue. Al igual que a otras víctimas, le esposan las manos al anillo de metal en lo alto del poste, inmovilizándolo. Hay dos legionarios con látigos de pie detrás de él, uno a cada lado. Un tercero que se sitúa en el costado sostiene un ábaco, a fin de poder contar los golpes que se le infligen. El cuarto miembro de este grupo ejecutor queda a la espera de sustituir a cualquier miembro que se agote cumpliendo con su deber. Supervisándoles se encuentra el *exactor mortis*.

Jesús siente el látigo. No hay pausa entre los golpes. En el instante en que un verdugo retira su látigo, el otro emplea el suyo sobre la espalda de Jesús. Incluso cuando los zarcillos de cuero y plomo se enredan, los soldados no paran. El número máximo de latigazos que un hombre puede recibir bajo la ley Mosaica son "cuarenta menos uno," pero los romanos no siempre prestan atención a las legalidades judías. Pilatos les ha dicho a estos hombres que azoten a Jesús y ahora lo hacen hasta quebrarlo físicamente, pero sin que llegue a morir.

Esa es la orden. Se le azotará, pero en ningún caso se le matará.

Después de la flagelación, Jesús es desencadenado y le ayudan a ponerse en pie. Ha gritado de dolor durante la flagelación y está perdiendo una gran cantidad de sangre. Las marcas del látigo se extienden hasta sus gemelos. Está completamente conmocionado.

El grupo de ejecución romano ha hecho claramente su trabajo. Castigando a Jesús con precisión quirúrgica, le han golpeado casi hasta la muerte. Pilatos ha dejado claro cuáles son los límites de sus deberes hoy. Sin embargo, los soldados se quedan, por si acaso.

Las manos de Jesús siguen atadas. Le llevan lentamente a la celda, donde los soldados romanos tienen su propio estilo de diversión con este prisionero tan singular. Jesús no hace nada cuando colocan una sucia capa sobre su cuerpo, sabiendo que pronto ésta se pegará a sus heridas. Los soldados hacen un cetro de caña que simula el de un gobernante y lo ponen en las manos de Jesús, burlándose otra vez de quien dice ser rey. En lugar de tener piedad de un hombre que acaba de soportar una flagelación, los soldados le escupen.

No contentos con dejar al hombre que sufra en soledad, los soldados que vigilan a Jesús ahora hacen la situación más difícil todavía. En un despliegue atroz, comienzan a cortar pedazos de un arbusto alto y blanco con rígidas y elípticas hojas, pequeñas flores verdes y espinas curvas de una pulgada de largo que crecen muy juntas. Los soldados están más que dispuestos a soportar el pinchazo de sus puntas afiladas para entrelazar varias

Jesús conducido hasta Poncio Pilatos. Panel de bronce de las puertas de la Basílica Parroquial Santa Maria del Pueblo en Roma, Italia. [Alamy]

ramas que formen una corona. Cuando la corona está terminada sirve de complemento perfecto para el cetro y el manto púrpura. ¡Saludad al rey!

Jesús está demasiado débil para protestar cuando le ciñen la corona de espinas a su cabeza y las espinas se clavan en su piel. La sangre cubre su cara. Jesús permanece en pie humillado en la pequeña prisión mientras los soldados bailan a su alrededor, algunos le dan puñetazos, otros le escupen, y otros se ponen de rodillas para alabar a su "rey."

Pero justo cuando parece que Jesús no puede aguantar más, los soldados reciben la orden de que a Pilatos le gustaría ver al prisionero. Una vez más, lo llevan a la plaza pública, donde el Sanedrín y sus fieles seguidores esperan en pie.

La visión de Jesús se ha ido difuminando. El líquido se está acumulando lentamente alrededor de sus pulmones. Jesús está teniendo problemas para respirar. Ha vaticinado su muerte todo el tiempo, pero los detalles de ésta son extraordinarios.

Los sumos sacerdotes y líderes religiosos ven cómo camina Jesús, con la corona de espinas aun en la cabeza. Recuerdan que Jesús les humilló en el templo, hace apenas tres días. Pueden contemplar su sufrimiento ahora. Sin embargo, no sienten ninguna simpatía hacia su persona. Jesús debe morir, cuanto más dolorosamente mejor.

Es media mañana cuando Pilatos toma su asiento en el trono de enjuiciamiento. Intenta por última vez liberar a Jesús. "Aquí tenéis a vuestro rey," dice dirigiéndose a la asamblea de líderes religiosos y a sus discípulos. Estos hombres deberían estar en los patios del templo, con motivo del sacrificio de los corderos que pronto dará comienzo.

"Llévatelo," los líderes religiosos gritan al unísono. "Llévatelo. ¡Crucifícalo!"

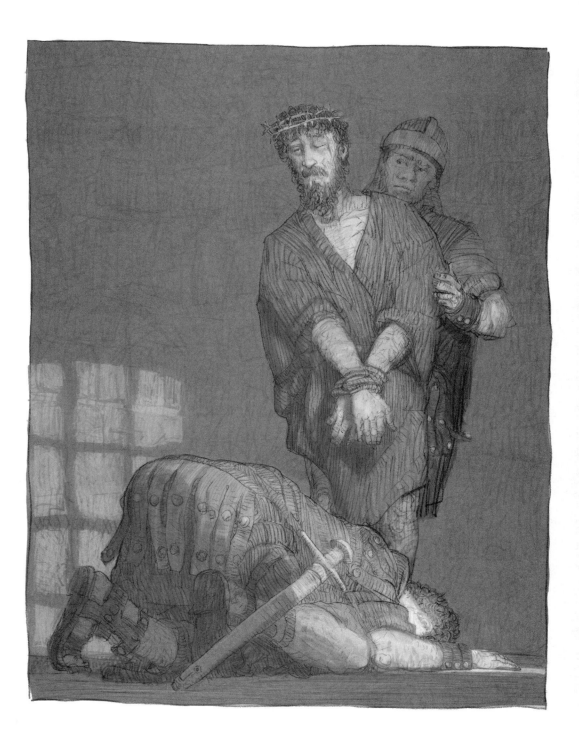

Pilatos está cansado de discutir. El gobernador romano no es conocido por su compasión y cree que ha hecho todo lo que estaba en su mano. El destino de Jesús simplemente no merece la pena el esfuerzo.

"¿He de crucificar a vuestro rey?" se pregunta, en busca de la confirmación final. "No tenemos más rey que el César," un sumo sacerdote responde. Si esas palabras se toman al pie de la letra, esas palabras son un acto de herejía, porque ha rechazado a su propio dios judío a favor del dios de los paganos romanos. Sin embargo, los seguidores del Sanedrín no ven la ironía de la situación. "¿Qué mal ha hecho?" Pilatos le grita de nuevo. "¡Crucifícalo!" recibe por respuesta.

Pilatos ordena que se traiga un pequeño recipiente con agua. Introduce las manos en el cáliz y teatralmente hace una demostración de una purificación ritual. "Soy inocente de la sangre de este hombre," le dice a los líderes religiosos. "Es vuestra responsabilidad."

Pero, de hecho, la responsabilidad es de Pilatos. Sólo el gobernador romano posee el *ius gladii*, el derecho de espada. O, como también se conoce, el derecho a ejecutar.

Así, Pilatos ordena a sus verdugos que prendan a Jesús. Mientras se lo llevan para crucificarlo, Poncio Pilatos se prepara para almorzar antes de lo previsto.

CAPÍTULO 28

CRUCIFICADO

AÑO 30 D.C., VIERNES, 6 DE ABRIL ✦ GÓLGOTA ✦ ENTRE LA MEDIA MAÑANA Y LA TARDE

EL MANTO PÚRPURA HA SIDO ARRANCADO, PERO LA corona de espinas aún está en su sitio. Los verdugos ponen un travesaño de madera sobre los hombros de Jesús. Pesa entre veinte y treinta kilos y mide un poco menos de un metro y ochenta centímetros de largo. Sus astillas pronto encuentran su camino en las heridas abiertas.

La humillación en el palacio de Pilatos ha finalizado, la procesión hacia el lugar de la ejecución comienza.

Encabezando la procesión está el *exactor mortis*. Por tradición, este centurión sostiene un cartel escrito en griego, arameo, y latín. Hoy en día las palabras inscritas en el letrero son JESÚS NAZARENO: REY DE LOS JUDÍOS. Normalmente, los crímenes del reo se encuentran escritos en la leyenda, que será clavada en la cruz sobre del crucificado. De esta manera,

cualquiera que transite por el lugar sabrá por qué se crucificó a ese hombre. Así que si la sedición es el delito, entonces eso es lo que debe indicar la leyenda.

Pero Poncio Pilatos, va a cambiar la tradición. En un último intento por poner a Caifás en su sitio, el gobernador escribe de propia mano la inscripción. "Cámbialo," exige Caifás antes de que la procesión que conduce a la crucifixión se ponga en marcha.

Pilatos se niega, con aparente condescendencia.

De modo que la leyenda precede sus pasos mientras Jesús y sus cuatro verdugos hacen el doloroso y lento viaje hacia el Gólgota, la colina utilizada como lugar de ejecución por los romanos. El trayecto que lleva a Jesús a través de las calles empedradas de la Ciudad Alta de Jerusalén es de poco menos de un kilómetro y medio, para a continuación salir por la Puerta Gennath a la pequeña colina en la que un poste aguarda su llegada. Se acerca el mediodía. Se ha congregado un gentío considerable, a pesar del sol abrasador.

El *exactor mortis* se preocupa al ver cómo Jesús se tambalea de forma continua. Como ex constructor y carpintero, Jesús sabe cómo acarrear adecuadamente un travesaño de madera, pero ahora carece de la fuerza para hacerlo. Está constantemente al borde del desmayo. En caso de que Jesús muera antes de alcanzar el lugar de la ejecución, el *exactor mortis* será considerado el responsable. Así que reclutan a un peregrino que contempla la escena, un judío africano llamado Simón el cirineo, para llevar el travesaño de Jesús.

La procesión continúa.

Mientras tanto, a no mucha distancia en el templo, la celebración de la

Pascua sigue su curso, desviando la atención de aquellos que veneran a Jesús y que podrían amotinarse para intervenir y salvar su vida.

El lugar de la ejecución, el Gólgota, no es una gran colina. Se trata de una pequeña elevación cerca de la muralla de Jerusalén. Cuando la procesión llega a la cima del Gólgota, los soldados envían a Simón a cierta distancia y lanzan el travesaño al suelo. El grupo que va a proceder con la ejecución toma el control. Obligan a Jesús a tumbarse en la tierra, con su torso encima del travesaño superior, conocido como el patíbulo. Tiran de sus manos, y dos soldados ponen todo su peso sobre los brazos extendidos, mientras otro se acerca con un mazo y un clavo de hierro de eje cuadrado, de quince centímetros de largo.

El soldado amartilla el clavo afilado atravesando la muñeca de Jesús. Jesús grita de dolor mientras el hierro atraviesa su marca. Los romanos utilizan la muñeca porque el clavo nunca golpea el hueso y alcanza la madera en tan sólo unos precisos golpes de martillo. Los huesos de la muñeca rodean el tejido blando, formando una barrera. Así que cuando levantan la cruz y el peso corporal de

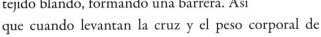

Jesús queda suspendido pendiendo de los clavos, los huesos previenen que la delgada capa de músculo se rompa, evitando así la caída.

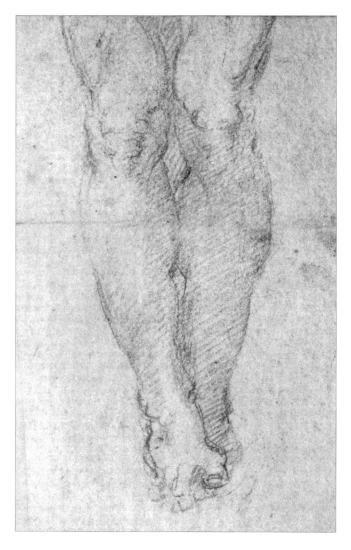

Una vez asegurada la primera muñeca, el verdugo procede con la segunda. La muchedumbre observa desde la base de la colina. Entre ellos se encuentran la fiel amiga de Jesús, María Magdalena, y su madre, María. Vino a Jerusalén para la Pascua, sin saber lo que le sucedería a su hijo. Ahora María no puede hacer nada sino mirar desconsolada.

Una vez que Jesús queda apuntalado a la barra transversal, los verdugos lo alzan sobre sus pies. Se sigue un metódico acto de equilibrio, porque el peso de la madera se encuentra ahora en la espalda, no los hombros de Jesús. En su debilitado estado, podría caerse con facilidad. Dos soldados sostienen los

Estudio para una crucifixión, de Miguel Ángel. Tiza negra sobre papel.
[Biblioteca de Arte Bridgeman]

extremos de la barra transversal, mientras que un tercero estabiliza a Jesús mientras le giran hacia a la viga vertical que completará la cruz.

El *staticulum*, como se llama este poste clavado en el suelo, mide cerca de dos metros y medio de altura. Un soldado agarra a Jesús por la cintura y lo levanta mientras los otros dos aseguran los extremos de la barra transversal. El cuarto verdugo está subido en una escalera que se apoya en el *staticulum*, orientando el travesaño hacia la pequeña junta que se ha hecho en la parte superior de la pieza vertical. El peso del cuerpo de Jesús mantiene la viga dentro de la ranura.

Y es así como Jesús de Nazaret se haya suspendido en la cruz. Otro momento de agonía llega cuando las rodillas se doblan ligeramente y los pies, el uno sobre el otro, son clavados a la madera.

Finalmente, justo sobre la cabeza de Jesús, la señal creada por el *executor mortis* es clavada en la cruz. Finalizado el trabajo físico, los verdugos comienza a burlarse de Jesús, lanzando los dados para jugarse la que una vez fue una fina túnica, e increpándole: "Si eres el rey de los judíos, sálvate a ti mismo." Los verdugos permanecerán en el Gólgota hasta que Jesús muera. Beberán su vino agrio e incluso se lo ofrecerán a Jesús.

Pasan tres horas. La celebración de la Pascua continúa dentro de los atrios del templo, y los cantos y el sonido de las trompetas resuenan a través de la ciudad llegando hasta el lugar de la ejecución. De hecho, Jesús puede ver el Monte del Templo con toda claridad desde su lugar en la cruz. Él sabe que muchos están todavía esperándole. La noticia de su ejecución no se ha extendido, y Pilatos y Caifás lo agradecen, porque aún temen la posibilidad de que los seguidores de Jesús comiencen un motín cuando se enteren de su asesinato.

"Tengo sed," Jesús dice finalmente. Su voz no es más que un susurro.

Un soldado empapa una esponja en vinagre y alcanza hasta situarlo en los labios de Jesús, sabiendo que el líquido provocará un gran dolor. Jesús sorbe el agrio líquido.

Poco después, mira a Jerusalén por última vez antes de que suceda lo inevitable.

"Todo se ha cumplido," dice.

Jesús inclina la cabeza. Cae en un estado de inconsciencia. Su cuello se relaja. Todo su cuerpo cae sobre su propio peso y su cuello y sus hombros se separan de la cruz. Sólo los clavos en sus manos lo mantienen colgado de la cruz.

El hombre que una vez predicó tan audazmente, que caminaba a lo largo y ancho del país para dar a su pueblo esperanza y cuyo mensaje de amor llegó a miles de personas durante toda su vida y algún día llegará a miles de millones más, deja de respirar.

Jesús de Nazaret ha muerto. Tiene treinta y seis años de edad.

CAPÍTULO 29

SEPULTADO

AÑO 30 D.C., 6 DE ABRIL ✦ GÓLGOTA ✦ AL CAER LA TARDE

L A CARRERA HA COMENZADO. LOS VERDUGOS ROMANOS han tenido un día duro, pero aún queda más por hacer. Es su práctica habitual dejar a un hombre en la cruz unos días tras su muerte. Pero la ley judía establece que un cuerpo no puede permanecer en un "árbol," durante el Sabbat, que comienza con el ocaso y continúa durante todo el sábado. Así que los hombres deben bajar a Jesús de la cruz. En primer lugar, el *executor mortis* verifica la muerte de Jesús hendiendo una lanza en el pecho. Del cuerpo salen fluidos corporales mezclados con sangre. Tras la extracción de la punta de lanza, el capitán de la guardia ordena a sus hombres bajar a Jesús de la cruz. Es una crucifixión a la inversa, con los hombres trabajando conjuntamente y usando escaleras para poner a Jesús y el travesaño de nuevo en el suelo. Una vez más, Jesús está tendido. Pero ahora, los verdugos trabajan arduamente para quitarle los clavos sin que se doblen. El hierro es caro, y los clavos se utilizan tantas veces como sea posible.

La mayoría de los que fueron testigos de la crucifixión de Jesús se han ido. María, su madre, y María Magdalena se encuentran entre los que se han quedado. Pero mientras los soldados ahora se emplean con determinación en la ardua tarea de bajar de la cruz a un hombre, el saduceo llamado José de Arimatea da un paso al frente. Este rico integrante del Sanedrín y discípulo en secreto de Jesús fue una de las pocas voces disidentes durante el juicio ilegal. Otra de esas voces fue la de Nicodemo, el fariseo, quien también está presente. Han recibido permiso de Pilatos para llevarse el cuerpo, ya que el gobernador quiere acabar con esta situación lo más pronto posible.

De manera imprevista, José y Nicodemo están declarando públicamente su lealtad a Jesús. José lleva a Jesús a su propia tumba familiar, una cueva nueva excavada en la blanda roca de Jerusalén en una colina cercana. Los judíos creen que tocar un cadáver durante la Pascua hace que uno sea considerado impuro e invalida a la persona para degustar las comidas del Séder. Por ley, José y Nicodemo serán declarados impuros y deberán someterse a un ritual purificador de siete días.

No importa, estos dos valerosos hombres se declaran discípulos y seguidores de Jesús, portando su cadáver inerte desde el Gólgota a la tumba cercana, donde lo acomodan en una repisa de roca tallada. No hay tiempo para llevar a cabo el ritual de lavado y la unción del cadáver con aceite. Pero ellos tienen tiempo de recubrir el cuerpo con mirra y áloe, para disimular el incipiente olor a descomposición. Luego envuelven el cuerpo en una sábana, bien tensada, asegurándose de mantenerla despegada de la cara de Jesús en caso de que no esté realmente muerto,

Talla de madera de la sepultura de Jesus, tallada en el S XVI, procedente del convento de Beguine en Cambrai, Francia. [Biblioteca de Arte Bridgeman]

sino simplemente inconsciente. De esta manera, no podrá asfixiarse. La tradición judía establece que todos los cuerpos han de ser examinados tres días después de su muerte. Así, la tumba se abrirá de nuevo, y Jesús será examinado el domingo.

Pero todo esto no es más que parte de un ritual. Porque Jesús está sin ningún lugar a dudas muerto.

Los hombres se despiden formalmente y seguidamente abandonan la tumba. Una piedra redonda tallada a mano que pesa cientos de kilos se ubica en la cima de la pendiente. María, la madre de Jesús, observa mientras los dos hombres se esfuerzan para hacer rodar la piedra para sellar la entrada de la tumba. Los haces de luz natural que penetran en la tumba son cada vez más pequeños a medida que la roca es desplazada hasta clausurar la entrada.

Cuando la muerte sea declarada formalmente el domingo, el cuerpo de Jesús descansará dentro de la tumba durante un año. Luego, sus huesos se sacarán de ahí y se colocarán en un frasco pequeño de piedra conocido como osario, que será depositado en un nicho excavado en la pared de la tumba o será trasladado a una nueva ubicación.

Jesús de Nazaret predijo su muerte. Ahora se ha consumado, y el silencio en la tumba es absoluto. Solo en la oscuridad de la tumba, Jesús de Nazaret, finalmente, descansa en paz.

El Sudario de Turín, también conocido como la Sábana Santa, una tela de lino de siglos de antigüedad que lleva la imagen de un hombre crucificado. Algunos creen que es el paño utilizado para envolver a Jesús en el sepulcro. [Corbis]

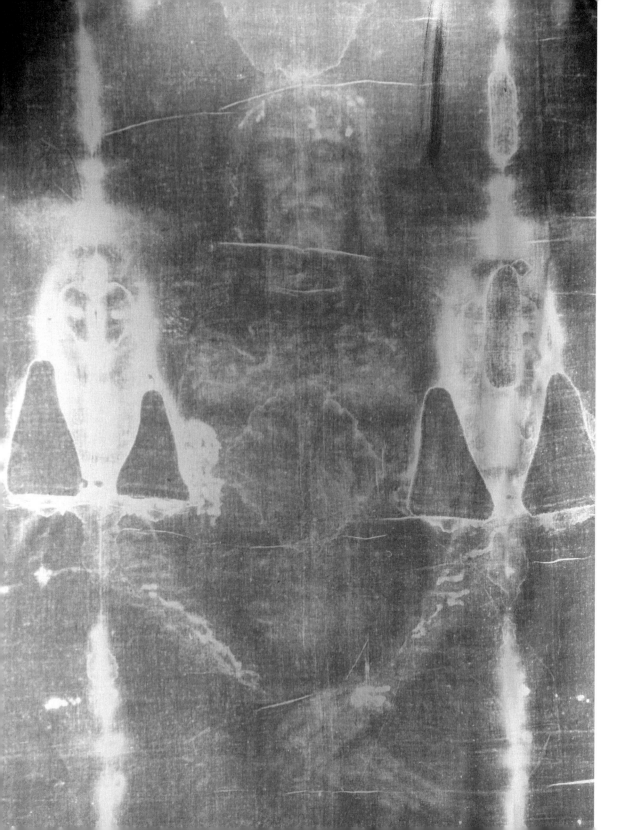

CAPÍTULO 30

VIGILADO

AÑO 30 D.C., SÁBADO, 7 DE ABRIL ✦ EN EL PALACIO DE PILATOS, JERUSALÉN ✦ DURANTE EL DÍA

P ONCIO PILATOS TIENE VISITA. UNA VEZ MÁS, CAIFÁS Y LOS fariseos están frente a él. Pero ahora están en el interior del palacio, ya no temen ser considerados impuros por la presencia del gobernador, ya que la Pascua ha terminado.

Por primera vez, Pilatos se da cuenta de que Caifás está realmente aterrado por el poder de Jesús. Lo que no era tan aparente cuando Jesús estaba vivo es ahora muy evidente cuando ha muerto, porque el sumo sacerdote ha venido a hacer una petición inaudita. Caifás le dice a Pilatos, "Aquel charlatán dijo: 'Después de tres días resucitaré.' Así que te pedimos que des la orden de vigilar la tumba hasta que llegue el tercer día. De lo contrario, sus discípulos pueden venir y robar el cuerpo y decir al pueblo que Jesús resucitó de entre los muertos."

Hay una cierta lógica en la solicitud, ya que la desaparición del cuerpo de Jesús podría conducir a una revuelta si sus seguidores convencieran a la gente de que este hombre que decía ser Cristo realmente ha demostrado ser inmortal.

Pilatos da su consentimiento.

"Llevaos un guardia," ordena. "Id, y asegurad la tumba como tengáis a bien."

Es de esta manera como un guardia romano es responsable de proteger la tumba de Jesús, en caso de que el muerto intente escapar.

Para Roma y el templo, esto debería haber sido el final de esta situación. El alborotador y blasfemo está muerto. Si los seguidores de Jesús tienen un plan para crear problemas, no dan ninguna señal de ello. Los discípulos han demostrado ser temerosos, y aún están turbados por la muerte de su Mesías. Han pasado a la clandestinidad y no representan una amenaza para Roma.

Pilatos siente un gran alivio. Pronto estará de regreso en Cesarea, para gobernar sin la interferencia constante de los sacerdotes del templo.

Pero Caifás no va a desaparecer. Con su túnica e indumentaria pomposa, mantiene la templanza ante Pilatos, sin saber qué informe sobre lo sucedido presentará a Roma el gobernador romano. Caifás se juega mucho, y no sabe cómo interpretar el lavado de manos de Pilatos. Puede perder todo lo que posee si el emperador Tiberio lo halla culpable de la muerte de Jesús. Caifás se mantiene firme en busca de cualquier signo de aprobación de Pilatos. Pero el gobernador romano ha perdido su paciencia con este sacerdote arrogante. Sin decir una palabra, el gobernador se levanta y se va.

CAPÍTULO 31

LA TUMBA ESTÁ VACÍA

AÑO 30 D.C., DOMINGO, 8 DE ABRIL ✦ LA TUMBA DE JESÚS ✦ AL ALBA

LA MAÑANA ES OSCURA. EL AMANECER PRONTO SE CERNIRÁ sobre Jerusalén, inaugurando el tercer día transcurrido desde la muerte de Jesús. María Magdalena se encarga de realizar la tradicional tarea de examinar el cadáver. Viaja con otra mujer llamada María, aunque esta no es la madre de Jesús. Igual que el día en que Jesús fue ejecutado, las calles de la Ciudad Alta están tranquilas mientras las dos mujeres las transitan. Abandonan la ciudad amurallada por la Puerta Gennath y ahora caminan por la misma vía por la que transitó Jesús hacia el Gólgota. El poste en el que Jesús fue crucificado sigue en pie en la colina, a la espera de la próxima crucifixión. Las dos mujeres apartan su mirada del cruel objeto y circundan la colina hacia la tumba de Jesús.

Tienen asuntos prácticos en sus mentes. María Magdalena no ha olvidado las muchas atenciones que Jesús le mostró durante su vida. Y del mismo modo que una vez le ungió con perfume y le lavó los pies con sus lágrimas, ahora se dispone a ungir su cuerpo con especias. Es inconcebible para ella que el cadáver de Jesús pueda producir y emitir un olor nauseabundo. Tal vez un año a partir de ahora, cuando ella vuelva para la Pascua y esté junto a los que aparten la piedra para acceder a la tumba de Jesús y recoger sus huesos, el olor a dulce perfume prevalezca en la entrada de la cueva en lugar del hedor de la muerte.

Pero hay otro reto inmediato: María es físicamente incapaz de mover la lápida. Necesita ayuda, pero la mayoría de los discípulos de Jesús se encuentran todavía escondidos.

A medida que las dos mujeres se acercan a la tumba, se muestran sorprendidas. La lápida no está sellada. La cueva está vacía. No hay nadie de guardia.

María Magdalena cautelosamente se adelanta y mira dentro de la tumba. Percibe el olor a mirra y áloe con los que Jesús fue ungido. Ve la sábana que envolvió el cuerpo. Pero no ve nada más.

A día de hoy, el cuerpo de Jesús de Nazaret no ha sido encontrado.

EPÍLOGO

L O QUE A CONTINUACIÓN SE RELATA CONSTITUYE LA RAÍZ MISMA DE la fe cristiana. Los evangelios del Nuevo Testamento, que se cree que fueron escritos por los discípulos Mateo, Marcos, Lucas, y Juan muchos años después de la muerte de Jesús, establecen que el cuerpo de Jesús no fue robado. Es más, estos evangelios aseveran que Jesús resucitó de entre los muertos y ascendió al cielo. Después de que se descubriese la ausencia de su cuerpo, los evangelios establecen que Jesús se reveló en doce ocasiones en la tierra durante un período de cuarenta días. Los testigos de estas apariciones van desde un solo individuo a grupos de más de quinientas personas en una montaña en Galilea. Algunos de los integrantes de esta congregación hablaron con fervor de este evento en los años siguientes. Veinticinco años más tarde un discípulo, Pablo, incluyó la aparición de la montaña en una carta que escribió a un grupo de nuevos cristianos en Corinto, Grecia. La creencia en la divinidad de Jesús es parte esencial de la doctrina en que se basa la fe cristiana.

Los judíos de hoy no creen que Jesús fuese el Mesías, sino que le consideran simplemente un hombre corriente, porque no cumplió la profecía que anunciaba que el ungido construiría un Tercer Templo, reuniría a todos los Judíos de nuevo en Israel, y traería una era de paz mundial.

Los budistas creen que Jesús fue un hombre venerable cuyas enseñanzas eran similares a las de Buda.

Para los hindúes, Jesús fue una encarnación de Dios, un santo y un sabio maestro.

Los musulmanes creen que Jesús fue uno de los muchos profetas enviados por Dios, pero que fue superado por Mahoma.

Independientemente de si uno cree o no cree que Jesús resucitó de entre los muertos, la historia de su vida y el mensaje que predicó adquieren un estatus superior después de su crucifixión. A diferencia de otros predicadores y profetas, como Judas de Gamala, Jesús se convirtió en una personalidad destacada en la historia de Jerusalén.

✦ ✦ ✦ ✦ ✦

Después de la crucifixión, los discípulos de Jesús tuvieron un cambio radical de comportamiento. Estaban convencidos de haber visto a Jesús resucitado y pronto se aventuraron en el mundo y sin miedo predicaron su mensaje. Conocidos como los apóstoles, aquellos que son enviados a enseñar, todos, menos uno de ellos, pagaron un precio enorme por su fe.

En el año 44 d.C., el nieto de Herodes el Grande, Herodes Agripa, que gobernaba Judea en ese momento, ordenó que **SANTIAGO MAYOR** fuera pasado a espada. La decapitación de Santiago supuso que fuera el primer discípulo en convertirse en mártir. Agripa se opuso violentamente al cristianismo y utilizó su poder para reprimir despiadadamente a los seguidores de Jesús.

Durante un tiempo Agripa encarceló a **PEDRO**, pero no lo mató. Finalmente la obra misionera de Pedro lo llevó a Roma, donde fundó la nueva Iglesia Católica. Los romanos reaccionaron sentenciando a Pedro a morir en la cruz. Se cree que esto sucedió en algún momento alrededor del año 64. La evidencia confirma que Pedro está enterrado debajo de la catedral de San Pedro en Ciudad del Vaticano.

Las muertes de la mayoría de los discípulos son más leyenda que realidad. **ANDRÉS**, el apóstol conocido por ser optimista y emprendedor, predicó el mensaje de Jesús en lo que hoy es Ucrania, Rusia, y Grecia. Se cree que fue crucificado en Patras, una región griega controlada por Roma.

TOMÁS, de carácter atrabiliario, se cree que fue lanceado hasta la muerte cerca de Madrás, en la India. **BARTOLOMÉ** predicó en Egipto, Arabia, y lo que hoy es Irán antes de ser despellejado y posteriormente decapitado en la India. Se cree que **SIMÓN EL ZELOTE** fue seccionado por la mitad mientras predicaba en Persia. **FELIPE** predicó en lo que es hoy Turquía occidental. Se dice que fue martirizado y murió colgado de los tobillos, sostenido por unos ganchos que los punzaban, en la ciudad grecorromana de Hierópolis. El gregario y antiguo cobrador de impuestos **MATEO** pudo haber muerto en Etiopía, asesinado como todos los demás por predicar de forma apasionada.

Poco se sabe acerca de lo que les pasó a los otros, excepto que todos los discípulos pasaron su vida predicando y todos menos uno murió por ello. Es un hecho contrastado que los discípulos de Jesús viajaron hasta África, la India, y Gran Bretaña en su afán por difundir su fe, lo que contrasta radicalmente con su tímido comportamiento durante la vida de Jesús y en las horas posteriores a su muerte.

El último en morir fue **JUAN**, que fue hecho prisionero por los romanos por predicar el cristianismo y padeció su exilio en la isla griega de Patmos. Allí escribió su evangelio y también lo que se convertiría en las páginas finales del Nuevo Testamento, el Libro de la Revelación. Juan murió en 100 d.C. en Éfeso, en la actual Turquía. Tenía noventa y cuatro años y fue el único apóstol que no fue martirizado.

El evangelio de Mateo y el Primer Libro de los Hechos atribuyen la muerte de **JUDAS ISCARIOTE** al suicidio. Mateo escribe que al enterarse de que al delatar a Jesús forzando su mano había dado lugar a su ejecución, Judas arrojó sus treinta piezas de plata en el templo y se ahorcó colgándose de un árbol. La leyenda dice que utilizó el bozo de un caballo para romper su propio cuello. Sea o no verdad, nada más se supo de Judas Iscariote.

Lo mismo puede decirse de **María Magdalena**. Después de su aparición en la tumba de Jesús, María Magdalena desaparece de la historia.

María, la madre de Jesús, se menciona en el libro de los Hechos y se alude a ella en el libro de Apocalipsis como "una mujer vestida por el sol," pero no existen registros acerca de su destino. El 1 de noviembre de 1950, la Iglesia Católica Romana decretó que su cuerpo había "ascendido a los cielos." El Papa Pío XII señaló que María, "después de haber completado el curso de su vida terrena, ascendió en cuerpo y alma a la gloria celestial."

✦ ✦ ✦ ✦ ✦

Seis años después de lavarse las manos en la ejecución de Jesús, **Poncio Pilatos** intervino en otro caso relacionado con un predicador. Esta vez le costó su puesto. Un hombre de Samaria se había refugiado en un santuario de montaña en Gerizim. Preocupado por la creciente legión de seguidores, Pilatos reprimió el movimiento con soldados romanos fuertemente armados. Esto provocó numerosas muertes, y Pilatos fue llamado a Roma para explicar sus acciones. Pensó que su apelación sería oída por su amigo, el emperador **Tiberio**. Pero cuando Pilatos llegó a Roma, Tiberio había muerto. El historiador del siglo IV Eusebio documenta que Pilatos se vio obligado a cometer suicidio, convirtiéndose en "su propio asesino y verdugo." Todavía se discute dónde y cómo murió Pilatos. Un informe dice que se ahogó en el río Ródano, cerca de Vienne, una ciudad en la actual Francia. Hoy en día aún sigue en pie un monumento romano en el centro de la ciudad al que a menudo se llama "la tumba de Pilatos." Otro informe dice

*Osario del sumo sacerdote Caifás, sarcófago donde fueron depositados
sus restos tras el tiempo transcurrido en el sepulcro.*
[Biblioteca de Arte Bridgeman]

que se arrojó a un lago cerca de lo que hoy es Lausana, Suiza, donde se dice que al monte Pilatos se le puso ese nombre en su honor. Un rumor insinúa que Pilatos y su esposa, Claudia, se convirtieron al cristianismo y fueron asesinados por su fe.

Con la marcha de Pilatos, **CAIFÁS** se vio privado de un aliado político romano. Tenía muchos enemigos en Jerusalén y pronto fue sustituido como el sumo sacerdote del templo. Posteriormente Caifás desapareció de la escena y de la historia. Las fechas de su nacimiento y muerte no han quedado registradas. Pero en 1990 se descubrió en Jerusalén un osario con unos huesos que podrían ser los suyos.

Actualmente se pueden ver en el Museo de Israel.

HERODES ANTIPAS había sido bien educado en las intrigas de palacio, pero finalmente provocó su propia muerte. Está bien documentado que su sobrino Agripa era amigo cercano del emperador romano Calígula. El historiador judío Josefo relata que cuando Antipas tontamente preguntó a Calígula si lo nombraría rey en lugar de tetrarca (a sugerencia de su esposa, **HERODÍAS**, quien continuó metiéndolo en problemas), fue Agripa quien presentó los cargos que probaban que Antipas estaba conspirando para asesinar a Calígula. Como prueba, Agripa señaló el enorme arsenal de armas que poseía el ejército de Antipas. Calígula envió a Antipas al exilio en la Galia (hoy Francia) para el resto de su vida. Su fortuna y territorios le fueron entregados al joven Agripa. El ex tetrarca estuvo acompañado por su esposa. Los dos vivieron en Lugdunum, que muchos creen que es la ubicación de la actual Lyon.

TRAS LA MUERTE DE JESÚS

LAS TENSIONES EXISTENTES ENTRE EL IMPERIO ROMANO Y EL PUEBLO judío no aminoraron tras el asesinato de Jesús. En el año 66 d.C. los judíos iniciaron una guerra contra el ejército invasor romano y se hicieron con el control de Jerusalén. Sin embargo, los romanos no aceptaron la derrota.

Para el año 70, d.C. habían rodeado la ciudad con cuatro legiones romanas y la habían sitiado. A los peregrinos que llegaban para celebrar la Pascua se les permitió entrar, pero no salir, con lo cual se aumentó considerablemente la presión en una Jerusalén con reducidos suministros de agua y comida. A los que intentaban escapar se les crucificaba de inmediato y las cruces quedaban a la vista de todos en las laderas que rodeaban la ciudad para recordar a los judíos el destino que les esperaba. Miles de ellos fueron crucificados durante el sitio, hasta tal punto que los romanos se quedaron sin madera y tuvieron que talar árboles a kilómetros de distancia y luego transportarlos a Jerusalén. Solo así pudo satisfacerse la demanda de madera para el tremendo número de crucificados.

Cuando finalmente los romanos traspasaron las murallas de la ciudad, la destrucción fue total. Los judíos que no se escaparon fueron matados o esclavizados. El Templo quedó completamente calcinado y gran parte de la ciudad arrasada.

Cuatrocientos años más tarde, en 476 d.C., el Imperio Romano cayó tras la invasión de tribus germánicas. No obstante, mucho antes del colapso del Imperio, Roma se alejó de sus dioses paganos y comenzó a adorar a Jesucristo. El cristianismo fue oficialmente legalizado en el Imperio Romano en el año 313.

[PÁGINAS SIGUIENTES] *La destrucción del Templo en el año 70 d.C.; cuadro de Francesco Hayez, siglo XIX.* [Biblioteca de Arte Bridgeman]

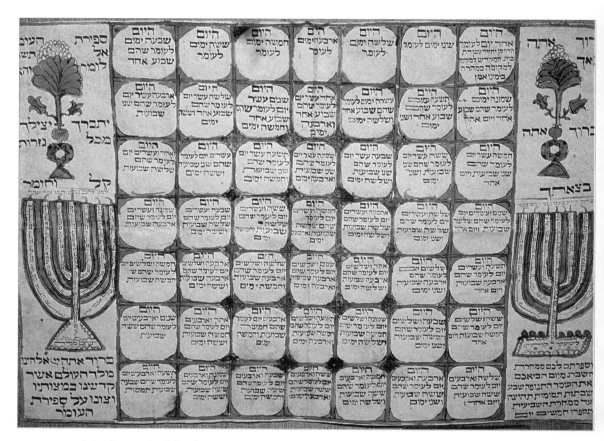

Calendario judío del siglo XIX del Museo de Israel en Jerusalén. [Biblioteca de Imágenes Mary Evans]

CONTAR AÑOS

USAMOS CALENDARIOS PARA FIJAR Y MEDIR CIERTAS EXTENSIONES DE tiempo, como los días, los meses, y los años. El calendario que usamos hoy en día fue ideado en el siglo VI y aprobado por el Papa Gregorio XIII. Los creadores de su calendario usaron el año en que se suponía que había nacido Jesús, el año 1 d.C., como línea divisoria. Para los años antes del 1 d.C. se usa "a.C.," "antes de Cristo." En ocasiones se usa también A.D., las iniciales de Anno Domini, que en latín quiere decir "el año de Nuestro Señor." En la actualidad, muchos historiadores prefieren no usar un calendario basado en notación religiosa, por eso en inglés ha comenzado a usarse BCE y CE, que significan respectivamente "Antes de la era común" y "Era común."

Los judíos tienen un calendario que cuenta el tiempo a partir del año en que se estima que tuvo lugar la creación del mundo. Este calendario se usa para determinar la fecha correcta para festividades religiosas y fiestas de guardar y para asignar las lecturas de la Torá a determinados días. Un año generalmente va de septiembre a septiembre. El año 5775 empieza a la caída del sol en septiembre de 2014 y termina a la caída del sol el 13 de septiembre de 2015.

La influencia de los romanos en la cultura mundial es evidente todavía hoy en día. Algunos meses del año tienen un nombre derivado de dioses romanos, incluso dos emperadores.

Mes	Viene de	Quién o qué
Enero	Janus	Dios de las puertas (para el primer mes del año)
Marzo	Mars	Dios de la Guerra (el mes en que los soldados volvían a su trabajo, puesto que no se hacía la guerra en invierno)
Mayo	Maia	Diosa del crecimiento
Junio	Juno	Reina de los dioses
Julio	Julius Caesar	Reorganizó el calendario
Agosto	Augustus Caesar	Primer Emperador del Imperio Romano

JERUSALÉN: CIUDAD SANTA PARA EL MUNDO

LA CIUDAD DE JERUSALÉN ES IMPORTANTE PARA TRES GRANDES religiones del mundo: el judaísmo, el cristianismo, y el islam. Desde los tiempos bíblicos, los judíos han considerado Jerusalén ciudad sagrada. El Muro Oeste (Muro de las lamentaciones), lo único que queda en pie del Segundo Templo, es uno de los lugares más sagrados para los judíos en Jerusalén. Cada año, millones de habitantes de Jerusalén y visitantes del mundo entero vienen al Muro a rezar y a menudo escriben oraciones y colocan papeles en la grietas del muro. Unas dos veces al año, las oraciones escritas se sacan y se queman en un cementerio en el Monte de los Olivos. Está prohibido destruir cualquier cosa sobre la que se haya escrito el nombre de Dios. Quienes no pueden visitar Jerusalén en persona, pueden enviar su oración por e-mail a través de Aish.com. Las oraciones se imprimen y un estudiante de una yeshivá, una escuela talmúdica, las coloca en el muro.

Los cristianos consideran sagrada a Jerusalén porque Jesús predicó y murió allí. La Iglesia del Santo Sepulcro, construida en el lugar donde Jesús fue crucificado, es un lugar sagrado en la ciudad.

Jerusalén es una de las tres ciudades sagradas para los musulmanes, tras La Meca y Medina en Arabia Saudita. Se cree que el santo profeta Mahoma salió de Jerusalén cuando visitó el cielo. Hoy, el santuario conocido como La Cúpula de la Roca está en ese lugar.

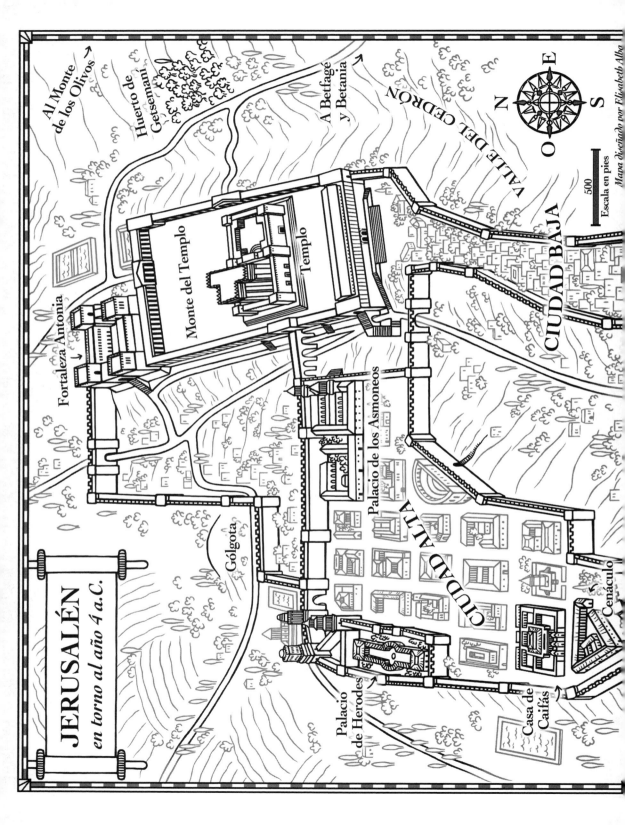

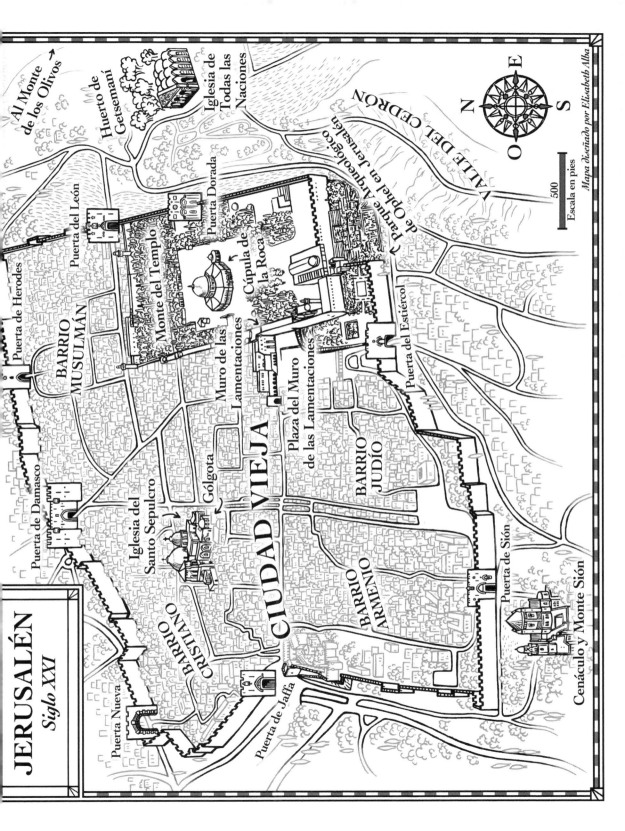

JERUSALÉN
Siglo XXI

Al Monte de los Olivos →

Huerto de Getsemaní

Iglesia de Todas las Naciones

Puerta del León

Puerta de Herodes

Puerta Dorada

BARRIO MUSULMÁN

Monte del Templo

Cúpula de la Roca

Puerta de Damasco

Muro de las Lamentaciones

Gólgota

Iglesia del Santo Sepulcro

Puerta Nueva

BARRIO CRISTIANO

CIUDAD VIEJA

Plaza del Muro de las Lamentaciones

BARRIO JUDÍO

Puerta del Estiércol

VALLE DEL CEDRÓN

Parque Arqueológico de Ophel en Jerusalén

Puerta de Jaffa

BARRIO ARMENIO

Puerta de Sión

Cenáculo y Monte Sión

N E O S

500
Escala en pies

Mapa diseñado por Elisabeth Alba

CÓMO SABEMOS LO QUE SABEMOS SOBRE LA VIDA DE JESÚS

El Nuevo Testamento

El Nuevo Testamento es la segunda mitad de la Biblia. Contiene veintisiete libros escritos entre los años 50 y 100 d.C. por seguidores de Jesús. Los historiadores han identificado a los ocho escritores como seis de los apóstoles (Mateo, Juan, Pablo, Santiago, Pedro, y Judas Iscariote) y dos de los discípulos (Marcos y Lucas).

Los libros del Nuevo Testamento se dividen en tres grupos: libros históricos que sobre todo se refieren a la vida de Jesús, aunque uno, los Hechos de los Após-

toles, detalla el establecimiento de las primeras comunidades de la iglesia en Palestina y Siria; libros de instrucción moral que son cartas a las primeras congregaciones de cristianos; y un libro de profecías, el Apocalipsis o Libro de la

Relieve que muestra los símbolos de los autores de los cuatro evangelios: un águila para Juan, un toro alado para Lucas, un ángel para Mateo, y un león alado para Marcos.
[Biblioteca de Imágenes Mary Evans]

Revelación, que narra una visión experimentada por su escritor, Juan.

Los libros se reunieron a lo largo del tiempo hasta formar el documento conocido como el Nuevo Testamento.

Flavio Josefo

Además del Nuevo Testamento, un historiador contemporáneo llamado Flavio Josefo escribió una historia del pueblo judío, titulada *Antigüedades judías*. Flavio Josefo era un judío culto que creció en Jerusalén. Su historia menciona a Jesús varias veces y se usa para dotar de evidencia histórica a algunos de los eventos en la vida de Jesús y quién pensaban sus seguidores que era.

Tácito

El historiador romano Gaius Cornelius Tacitus era también senador. En el año 116 d.C. aproximadamente escribió un resumen de la historia del Imperio Romano que incluye referencias a la condena de Jesús por Poncio Pilatos y su crucifixión.

Evidencia arqueológica

Existe gran interés por la vida en el siglo I en lo que era la provincia de Judea. Constantemente, se excavan numerosas ubicaciones en Jerusalén con el fin de llegar a entender cómo pueden haber sido la arquitectura y las condiciones de vida. Los historiadores examinan fragmentos de cerámica para tratar de encontrar residuos de comida, huesos o indicadores de su nutrición, y paredes y murales para encontrar historias sobre creencias y costumbres. Es una búsqueda que continúa, y en la que se dan nuevos descubrimientos cada año. En este momento hay veintinueve excavaciones arqueológicas en Israel, varias de ellas en Tiberio y el Monte Sion, a las que se añaden otras en Jordania, Italia, España, Turquía, y Egipto. Se puede ver una lista de excavaciones de interés en biblicalarchaeology.org.

Flavio Josefo en un grabado del siglo XIX.
[Biblioteca de Arte Bridgeman]

Gaius Cornelius Tacitus. Grabado; sin fecha.
[Biblioteca de Arte Bridgeman]

LOS MANUSCRITOS DEL MAR MUERTO

EL DESCUBRIMIENTO DE UNA CUEVA QUE PROTEGÍA ANTIGUOS manuscritos fue el descubrimiento bíblico más fascinante del siglo XX. En 1947 un grupo de pastores de cabras beduinos estaban buscando una cabra perdida en las colinas en torno al Mar Muerto. Uno de ellos tiró una piedra al interior de la cueva y en lugar de una cabra corriendo oyeron una

vasija que se rompía. Esperando encontrar un tesoro, entraron en la cueva y encontraron siete vasijas altas hechas de barro. Dentro encontraron unos

Una de las cuevas de Qumran donde se encontraron los Manuscritos del Mar Muerto. [Kurt Prescott]

rollos casi intactos y fragmentos escritos en pergamino y papiro así como una tableta de cobre grabada.

Para el año 1956, se habían encontrado diez cuevas más en la zona que ahora se conoce como Khirbet Qumran. Los especialistas tienen ahora fragmentos de casi novecientos documentos que datan de entre 250 a.C. y 68 d.C. Entre ellos se encuentran las copias más antiguas que se conocen de los libros de la Biblia hebrea escritos en hebreo y arameo, así como oraciones, himnos, y otros textos.

Aunque los Manuscritos del Mar Muerto, como se conoce al conjunto de los documentos, no mencionan a Jesús sí evidencian lo importante que era la religión en las vidas de la gente que vivía en la zona en tiempos de Jesús. Así mismo, proporcionan numerosa información sobre el judaísmo en el siglo I y el desarrollo de la primera cristiandad.

Puedes ver los manuscritos del Mar Muerto y aprender acerca de los esfuerzos por traducirlos en deadseascrolls.org.il/.

Colinas de caliza por encima del Mar Muerto. [Biblioteca del Congreso]

EL MANTO PÚRPURA

EL MANTO QUE LLEVABA JESÚS JUSTO ANTES DE LA CRUCIFIXIÓN HA llamado la atención de mucha gente durante siglos. Con el color se pretendía mofarse de él, dando a entender que era "rey de los judíos." Pero ¿cómo era ese color de los reyes?

En el siglo I, la mayoría de la tela era del color neutro del lino o la lana con la que se hacía. Otras tonalidades más llamativas eran raras y caras; de tres de ellas se sabían que eran duraderas e intensas. En hebreo son *tekhelet*, un púrpura azulado; *tola'at shani*, escarlata; y *argaman* un púrpura rojizo conocido entre los romanos como púrpura de Tiro. El escarlata del *tola'at shani* se hacía con un insecto, y los tonos púrpuras del *argaman* y el *tekhelet* se hacían con moluscos, animales como caracoles, y ostras.

Los arqueólogos han descubierto grandes cantidades de cáscaras de molusco por todo el Mediterráneo. En particular, se han encontrado cáscaras en lo que hoy es Líbano cerca de las ciudades de Tiro y Sidón, que eran centros de manufactura de tinte en tiempos de Jesús. Los fabricantes de tinte recogían animales y hacían agujeros en su cáscara, sacando el animal.

Entonces los jugos de su estómago se drenaban porque contenía el valioso pigmento, la fuente del color. Diversos experimentos han demostrado que el líquido que se obtiene de doce mil moluscos producen apenas 1,5 gramos de puro tinte púrpura. Por ello, medio kilo de púrpura de Tiro costaba el equivalente a diez mil dólares. Por su precio, era realmente el color de los reyes.

Litografía que muestra una variedad de moluscos. [Biblioteca de Arte Bridgeman]

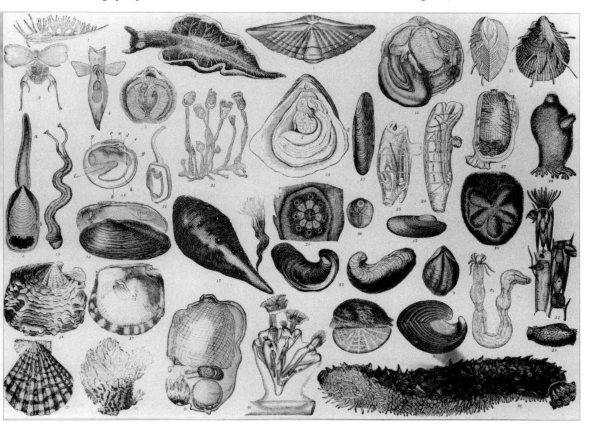

EL SÍMBOLO DE LA CRUZ

URANTE AÑOS TRAS LA MUERTE DE Jesús, los cristianos se sentían avergonzados por la cruz, que se consideraba una forma de morir más propia de esclavos, asesinos, e individuos de las clases más bajas. Sin embargo, para el siglo II los cristianos comenzaron a tocarse la frente, el pecho y ambos hombros para hacer la señal de la cruz como una forma de alejar a los demonios. Para el siglo IV, la cruz se percibía más comúnmente con orgullo, como símbolo de que Jesús había sufrido una muerte tan humillante en beneficio de la humanidad. La imagen icónica en la que se ve el cuerpo de Jesús en la cruz no se convirtió en parte de la cultura hasta seis siglos después de su muerte.

Cruz en un monasterio español del siglo XII. [Biblioteca de Arte Bridgeman]

TREINTA PIEZAS DE PLATA: ¿CUÁNTO VALÍAN?

JUDAS ISCARIOTE ACEPTÓ TREINTA PIEZAS DE PLATA COMO PAGO por traicionar a Jesús y entregarlo a los romanos. ¿Era mucho dinero o poco? Es difícil saberlo exactamente.

El tipo de moneda que Judas recibió era con toda probabilidad la que se conocía como un siclo. Este tipo de siclo es una moneda que pesa una media onza de plata, unos catorce gramos. Un siclo era una unidad de peso, por lo que uno podía adquirir un siclo de grano o un siclo de especias.

En tiempos de Jesús, con treinta siclos se podía comprar un esclavo que trabajaría para uno hasta que hubiera ahorrado el dinero suficiente para comprar su libertad. Para un trabajador cualificado, treinta siclos podían ser el sueldo de cuatro a seis meses.

Treinta monedas eran seguramente una cantidad extraordinaria para Judas, especialmente teniendo en cuenta la escasez de dinero de verdad por entonces. A pesar de eso, según uno de los evangelios en el Nuevo Testamento, cuando Judas se enteró de que Jesús había muerto, volvió al Templo y tiró las treinta monedas al suelo. Se dice que los sacerdotes usaron las monedas para comprar un terreno para usarlo como cementerio para extranjeros.

UN MUNDO CON MUCHOS IDIOMAS: LENGUAS HABLADAS EN LA JUDEA DEL SIGLO I

E L LETRERO QUE SE CLAVÓ EN LA CRUZ SOBRE LA CABEZA DE Jesús estaba escrito en griego, arameo, y latín.

En el Imperio Romano, que abarcaba un área vastísima y numerosos pueblos conquistados, el negocio y los viajes entre pueblos distintos resultaba común. Era normal que una persona hablara más de una lengua. Seguramente, Jesús entendía varias lenguas y leía alguna más.

En Galilea, la legua hablada predominante en el siglo I era el arameo, una lengua de la familia del hebreo y el arameo. De niño en Nazaret, una de las tareas de Jesús habría sido aprender suficiente hebreo como para leer en voz alta de las Escrituras. La mayoría de los especialistas consideran que en aquel tiempo el hebreo no era una lengua que se hablaba habitualmente.

Los soldados romanos hablaban latín, y con toda seguridad Jesús sabía bastante para entender parte de lo que los soldados decían. Pilatos era hablante nativo de latín, y Herodes debía de hablarlo con fluidez también. Algunos historiadores creen que el juicio de Jesús se llevó a cabo en latín.

El griego se usaba en el comercio y los negocios. Puesto que Jesús y José pueden haber trabajado en Séforis, pueden haber necesitado hablar un poco de griego. Además. Cafarnaún, la ciudad que Jesús usaba como base para su ministerio, era una ciudad con gran actividad comercial donde se escucharía hablar varios idiomas.

Alfabetos antiguos. De izquierda a derecha: hebreo, fenicio, griego antiguo, griego clásico, inglés, y hebreo usado en monedas. [Archivos pictóricos North Wind]

ALGUNOS HECHOS DEL SIGLO I D.C.

S E CALCULA QUE LA POBLACIÓN DEL MUNDO EN EL SIGLO I D.C. ERA de entre 170 y 400 millones. La diferencia entre ambas cifras es enorme, pero obviamente los historiadores no cuentan con censos fiables excepto en ciudades grandes en imperios bien organizados como el romano. (La población mundial en Octubre de 2013 era aproximadamente de 7200 millones.)

Porcentaje de población mundial

	Siglo I	**2010**
Asia	69%	60.3%
Europa	18%	10.7%
África	10%	14.9%
Latinoamérica/Caribe	*	8.6%
Norte América	*	5.0%
Oceanía	*	0.5%

*La suma de las poblaciones de Latinoamérica, Caribe, Norteamérica, y Oceanía era el 3 por ciento de la población mundial de unos 200 millones. Hoy la población mundial es de más de 7000 millones; 200.000 personas nacen cada día.

Ciudades más importantes en el mundo, entre los años 100 a.C. y 100 d.C.

Alejandría, Egipto

Chang'an (Xi'an), China

Constantinopla (Estambul), Turquía

Pataliputra, India

Roma, Italia

EL IMPERIO ROMANO EN EL AÑO 44 A.C.

E L MAPA DE LA PÁGINA SIGUIENTE MUESTRA LA EXTENSIÓN DEL Imperio Romano durante la vida de Jesús. En la cima de su poder en el año 117 d.C. el Imperio Romano cubría unos 6,5 millones de kilómetros cuadrados en tres continentes: Europa, Asia, y África.

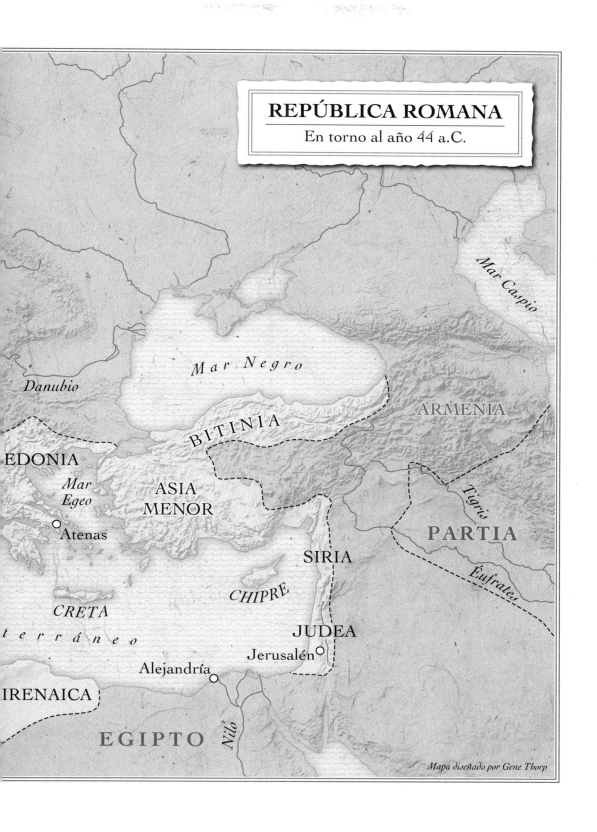

REPÚBLICA ROMANA

En torno al año 44 a.C.

Mar Caspio

Mar Negro

Danubio

ARMENIA

BITINIA

EDONIA

Mar
Egeo

ASIA
MENOR

Tigris

Atenas

PARTIA

SIRIA

Éufrates

CHIPRE

CRETA

terráneo

JUDEA

Jerusalén

Alejandría

IRENAICA

EGIPTO

Nilo

Mapa diseñado por Gene Thorp

GOBIERNO Y CIUDADANOS ROMANOS

T AN PRONTO COMO OCTAVIO SE CONVIRTIÓ EN EMPERADOR EN EL año 12 a.C., decidió que se le conociera como Augusto. Uno de sus primeras medidas fue decidir que su predecesor, Julio César, era un dios. El nombre de César se añadió a la lista de los que los romanos veneraban, entre los cuales los tres más importantes eran Júpiter, Juno, y Minerva. Esto inició lo que se llamó el culto imperial, es decir, la adoración de la persona en el poder como un dios. El mismo Augusto tomó el título de *divi filius*, "hijo del divino." El púrpura era el color del poder en el Imperio Romano, y el **emperador** era la única persona a la que se le permitía llevar una toga púrpura.

Por debajo del emperador estaban los **senadores**, ochocientos hombres que se reunían para decidir sobre asuntos relacionados con la ley. Estos hombres y sus familias estaban considerados los hombres y las mujeres nobles del imperio. Pero su cargo dependía del emperador, por lo que si cometían un error, podían desaparecer del mapa. Los senadores llevaban túnicas con anchas tiras púrpura.

Los **équites** (la clase ecuestre) eran originalmente miembros de la caballería romana. Para el 200 a.C. esta clase había evolucionado, estando integrada sobre todo por hombres de negocio que podían demostrar que tenían cierta cantidad de

Senadores romanos fuera del Templo. Friso de mármol del siglo IV [Biblioteca de Arte Bridgeman]

dinero. Si un équite ocupaba un puesto político, podía llegar a convertirse en senador. Los équites llevaban túnicas con tiras púrpura estrechas.

Los **miembros del pueblo** eran ciudadanos romanos libres. Podían ser comerciantes como José, agricultores, pescadores, o propietarios de pequeños negocios. Llevaban togas.

Los **Junius Latins** eran ex-esclavos que habían sido liberados por ciudadanos romanos. Tenían algunos derechos pero no la ciudadanía plena a no ser que se enrolaran en la legión.

Los **extranjeros** eran otro tipo de personas libres que vivían en el Imperio Romano. Algunos extranjeros eran considerados *socii*, o aliados. En tiempos de Jesús, los socii tenían derechos básicos y podían ser llamados al ejército romano. Si Jesús hubiera sido ciudadano romano habría sido ejecutado con otro método, no la crucifixión. Los ciudadanos romanos no podían ser crucificados. En el año 212 d.C. los socii protagonizaron una revuelta y se les otorgó ciudadanía plena.

Los **liberati** eran antiguos esclavos que habían comprado su propia libertad. Sus antiguos dueños eran llamados patrones y todavía ejercían algún control sobre ellos. Este estatus se mantenía durante una generación. Los hijos de los liberati eran completamente libres.

Los **esclavos** eran o personas nacidas como esclavos, o prisioneros de guerra, o vendidos como esclavos por traficantes de esclavos.

Era posible, acumulando riqueza, pasar de la clase común a ser équites. Y con el tiempo, unos pocos équites llegaron al Senado.

RELIGIÓN ROMANA

Atenas, conocida en la mitología griega como Minerva. Copia romana de una estatua de mármol del siglo IV. [Biblioteca de Arte Bridgeman]

L A PEQUEÑA TIERRA DE LOS JUDÍOS estaba rodeada por naciones que practicaban distintas religiones. A diferencia del resto de pueblos del Imperio Romano, los judíos veneraban a un solo Dios. El resto de civilizaciones activas en torno a ellos veneraban a una multitud de dioses.

El panteón romano, el grupo de dioses reconocidos oficialmente, era numerosísimo. Había unos dioses de mayor importancia y cientos de dioses menores. Había dioses de lugares, como ríos o ciudades; de trabajos, como la alfarería y la agricultura; de atributos como la valentía o el humor; y de parentesco como el matrimonio o los hijos. Los tres dioses más importantes eran Júpiter, el rey de los dioses; su mujer, Juno; y Minerva, la diosa de la sabiduría.

Los romanos eligieron sus dioses de los latinos, que vivían en lo que hoy es Italia, y los griegos. Por ejemplo, en la mitología griega Zeus y Hera eran el rey y la reina de los dioses. Tenían nombres diferentes, pero tenían casi los mismos antecedentes e historias que Júpiter y Juno.

A lo largo del tiempo, las historias sobre los dioses romanos, sus guerras, y sus relaciones, se convirtieron en largos y complicados culebrones. Los padres pasaban las historias a sus hijos, los escultores esculpían escenas de las historias, y los músicos escribían sobre lo que ocurría en el reino de los dioses.

Todos los romanos tenían un pequeño altar dedicado al dios de la casa. Al dios o a la diosa del espíritu de la casa se le dejaba trozos de comida. Había celebraciones periódicas para honrar a dioses y diosas y se erigían templos y altares en cada carretera y cada ciudad.

Cuando César Augusto se convirtió en emperador en el año 27 a.C. declaró que era hijo de un dios. Y así los emperadores se unieron al panteón de dioses e incrementaron el poder sobre todos sus súbditos.

LEGIONARIOS ROMANOS: EL EJÉRCITO QUE CONQUISTÓ GALILEA Y JUDEA

DURANTE LOS AÑOS DEL IMPERIO ROMANO, a partir del 31 a.C., el ejército romano era una enorme fuerza que controlaba casi toda la cuenca mediterránea. Había comandantes, por supuesto, que respondían ante el emperador. Pero los que estaban a pie de guerra eran los famosos legionarios, que luchaban en unidades de entre tres mil y seis mil hombres. Tanto los nacidos en Roma como los esclavos liberados podían hacerse legionarios (en cuanto un esclavo liberado era aceptado en la legión se convertía en ciudadano).

Los legionarios llevaban jabalinas y espadas cortas. Para la batalla se formaban en falanges, filas de hombres que podían ser de ocho o diez de fondo, caminando bien apiñados. Cuando se encontraban cerca del enemigo lanzaban las jabalinas y corrían hacia él. Las batallas eran feroces y como resultado había cuantiosos heridos y muertos. Los legionarios adoraban a Marte, dios de la guerra.

Estatua de un legionario en el Museo de la civilización romana, en Roma, Italia. [Biblioteca de Arte Bridgeman]

CALZADAS ROMANAS

LOS ROMANOS ERAN FAMOSOS POR LAS CALZADAS QUE CONSTRUÍAN. Algunas incluso se usan todavía hoy, dos mil años después. Y fueron los legionarios, junto con esclavos y prisioneros de guerra, los que trabajaron bien duro para construir las miles de calzadas que conectaban las provincias del Imperio Romano, algunas muy lejanas de otras. Las calzadas facilitaban el envío de mensajes y noticias, el transporte de bienes y comida del campo y los puertos a las ciudades y permitía a los ejércitos desplazarse con rapidez cuando se les necesitaba. Todas las calzadas eran construidas con un ancho estándar de cinco metros, suficiente para que dos carretas pudieran pasar al mismo tiempo.

Las calzadas empezaban a construirse colocando una capa de arena, seguida por losas de piedra, piedra molida en cemento, y finalmente bloques de piedra llamados adoquines. A ambos lados de la calzada se construían cunetas de drenaje. Una vez concluida, las ciudades por las que pasaba eran responsables de mantenerla. Poco después zonas de descanso, albergues y otros lugares donde se servía comida aparecían a lo largo de la calzada, proveyendo a los habitantes de la zona una fuente de ingresos gracias a los viajeros que transitaban por la calzada.

Calzada pavimentada romana todavía existente, cerca de la Toscana en Italia.
[Biblioteca de Arte Bridgeman]

UN PASEO POR LA JERUSALÉN DEL SIGLO XXI

EXCAVACIONES RECIENTES HAN DESCUBIERTO CALLES Y CASAS DE LOS tiempos de Jesús, permitiendo a los visitantes seguir sus huellas y entrever cómo era la vida en Jerusalén en el siglo I d.C.

El Rey David fundó Jerusalén hace más de tres mil años como su ciudad real. Allí es donde una vez los templos de los reyes judíos Salomón y Herodes se erigieron. Hoy se la conoce como la ciudad eterna y ocupa un lugar muy especial en las religiones judía, cristiana, y musulmana. La historia de la ciudad es rica, aunque repleta de conflictos. Las vistas, la evidencia arqueológica, y su historia moderna son fascinantes. A continuación encontrarás lugares mencionados en este libro que puedes visitar.

Empecemos fuera de la ciudad, en el **MONTE DE LOS OLIVOS**. Aquí es donde Jesús a menudo paraba para predicar a sus discípulos. Desde aquí hay una panorámica espectacular de la Ciudad Vieja de Jerusalén, el área del Monte del Templo y la Ciudad Nueva.

En el Monte de los Olivos se encuentra la **IGLESIA DE PATER NOSTER**, donde se dice que Jesús enseñó a sus discípulos el Padrenuestro. En este lugar hay una placa con el Padrenuestro traducido a más de cien lenguas.

Al pie el Monte de los Olivos está el **HUERTO DE GETSEMANÍ**, donde Jesús pasó tiempo rezando en soledad y donde fue traicionado por Judas y arrestado por los romanos. Hoy se encuentra aquí la Iglesia de Todas las Naciones. Se cree que los olivos del jardín tienen novecientos años.

Caminando a través del Valle del Cedrón, nos acercamos a las siete puertas que llevan a la **CIUDAD VIEJA**. Hoy viven en la Ciudad Vieja 35.000 personas (unos 26.000 musulmanes, 6.000 cristianos, y 3.000 judíos). La población total de Jerusalén es de unos 800.000 habitantes. En 2011 había 497.000 judíos, 281.000 musulmanes, 14.000 cristianos, y 9.000 personas que no declaraban su religión.

Se pueden ver restos de las escaleras que llevaban al templo en el Parque arqueológico Ophel. El único resto del templo de Herodes es el inmenso **MURO DE LAS LAMENTACIONES**.

El **CENÁCULO**, en el Monte Sión, es el lugar tradicional de la planta alta donde Jesús tomó la última cena con sus discípulos. Hoy en este edificio hay una tumba, una yeshiva, una iglesia, una mezquita, y un jardín de infancia. El Monte Sión era la Ciudad Alta de Jerusalén en tiempos de Jesús y estaba intramuros.

La Mezquita de la Cúpula Dorada en el Monte del Templo.
[Shutterstock]

El camino por el que Jesús anduvo comenzaba en el **PALACIO DE HERODES**, cerca de lo que hoy es la Puerta de Jaffa. Acaba en la **IGLESIA DEL SANTO SEPULCRO**, que se cree fue construida sobre el Gólgota y cerca de la tumba de Jesús. Hoy en día, los visitantes pueden pasear por estos lugares e incluso tocar el lugar donde se cree que se colocó la cruz en que Jesús fue crucificado.

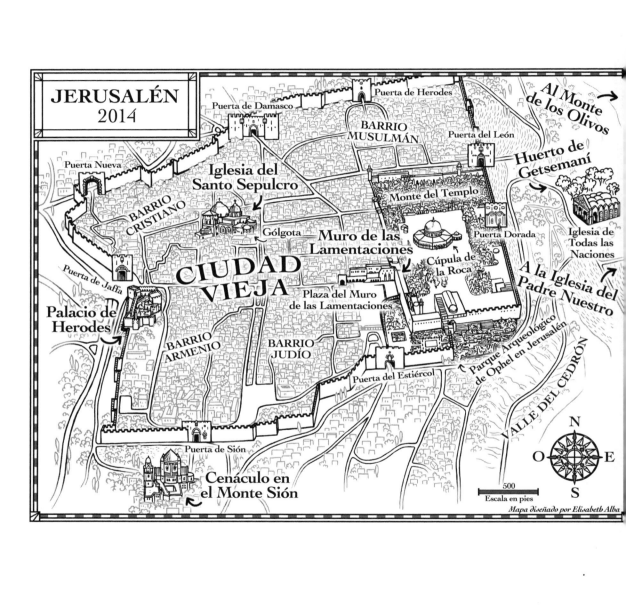

GLOSARIO

Áloe: Resina fragante del árbol Aquilaria agallocha.

Apóstol: Persona que viaja para representar creencias o enseñanzas.

Arrepentirse: Alejarse del pecado y decidir cambiar la vida de uno.

Asia Menor: La península entre el Mar Negro, el Mar Mediterráneo y el Mar Egeo.

Bancales: Rellanos de tierra construidos en una ladera para poder cultivarlos.

Bazar: Mercado callejero.

Benefactor: Alguien que hace un regalo o donación.

Blasfemia: El acto de decir algo ofensivo contra Dios o la religión.

Borla: Conjunto de cuerdas o hilos atados por la parte superior que se cose a algunas prendas o se usan como decoración.

Caliza: Roca, formada a partir de restos de conchas y coral.

Caravana: Grupo de personas o vehículos que viajan juntos.

Cardar: Limpiar o desenredar la lana antes de convertirla en hilo.

Carisma: Poderoso encanto personal que atrae a otras personas.

Circuncidar: Cortar el prepucio.

Ciudadela: Fortaleza desde la que se comanda una ciudad.

Claustro: Pasillo cubierto y con columnas.

Crucificar: Matar clavando las manos, las muñecas, los pies o los tobillos a una cruz.

Cuartel: Edificio o edificios donde viven los soldados.

Devoto: Profundamente religioso.

Discípulo: Estudiante o pupilo que ayuda a dar a conocer las doctrinas del maestro.

Esclavista: Alguien que roba, captura o secuestra a personas para venderlas como esclavos.

Fermento: Sustancia, como la levadura, que hace que la masa o el rebozo crezcan.

Gentil: Persona que no es de la fe judía.

Herejía: Puntos de vista diferentes a los de una religión particular.

Hosanna: Término hebreo usado para alabar a Dios, usado hoy por judíos y cristianos.

Ídolo: Un objeto que se venera, tallado en madera o piedra.

Imperial: Relacionado con el imperio o el emperador.

Legionario: Soldado romano. Miembro de una legión de tres mil a seis mil soldados.

Mesías: El rey esperado y salvador de los judíos.

***Mikvah*:** Baño ritual de purificación que se toma en ocasiones concretas, tales como la celebración de la Pascua.

Mirra: Resina fragante de varios árboles del género *Commiphora*.

Monte del Templo: Estructura de treinta y seis acres en la Ciudad Vieja de Jerusalén e incluye las murallas a su alrededor, atrios y el Templo, y que ha sido usada y reverenciada por judíos, musulmanes y cristianos.

Parábola: Fábula o historia que transmite una enseñanza moral o religiosa.

Pascua: Importante festividad judía en que se celebra la huida de la esclavitud de los judíos en Egipto.

Patriarca: El varón cabeza de una familia o una tribu, o una persona mayor en un pueblo, grupo o tribu, que es respetado y tiene una posición de honor.

Peregrino: Persona que viaja a un lugar sagrado para rezar.

Pergamino: Material de escritura pesado, parecido al papel, hecho de la piel de ovejas o cabras.

Perseguir: Tratar de manera continua a alguien cruel o injustamente, sobre todo debido a las creencias o las ideas de esa persona.

Profeta: Alguien que habla o dice que habla por Dios; alguien que predice lo que ocurrirá en el futuro.

Rabino: Líder y maestro religioso judío.

Recaudar: Imponer o cobrar con acciones legales o por la fuerza.

Resina: Sustancia pegajosa amarillenta o marrón que sale de algunos árboles y se usa para hacer barnices, pegamento, e incienso, entre otras cosas.

Reyes Magos: Sabios que visitaron a Jesús poco después de que naciera.

Salmo: Canción sagrada escrita en el Libro de los Salmos en el Tanaj judío o la Biblia cristiana.

Sabbath: Día de descanso y de rezo que, para los judíos tiene lugar desde la puesta de sol del viernes hasta la puesta de sol del sábado.

Erudito: Persona sabia.

Flagelar: Castigas severamente, en especial con el látigo.

Escriba: Persona que copia libros a mano.

Escritura: Cuerpo sagrado de textos, aplicado generalmente a la Biblia.

Séder: Servicio judío que incluye una cena que tiene lugar en la Pascua.

Serenidad: Estado calmado y tranquilo.

Sinagoga: Edificio usado por judíos para rezar o para estudios religiosos.

Tanaj: La Biblia Hebrea, que contiene la Torá, Nevi'im (Profetas), y Ketuvim (Escritos).

Tirano: Alguien que gobierna con crueldad o injusticia.

Torá: El rollo sagrado en el que están escritos en hebreo los libros del Génesis, Éxodo, Levítico, Números, y Deuteronomio

CRONOGRAMA DE LA VIDA DE JESÚS

No podemos estar absolutamente seguros de las fechas exactas que se indican a continuación. Científicos y arqueólogos continúan tratando de establecer con precisión el año del nacimiento de Jesús y, por tanto, de su muerte.

6 a.C.	Nace Juan Bautista (unos seis meses mayor de Jesús).
6–5 a.C.	Jesús nace en Belén en Judea.
5 a.C.	Herodes el Grande ordena la masacre en Belén de todos los varones de menos de dos años.
6 d.C.	Herodes Antipas nombrado tetrarca de Galilea.
7 d.C.	Jesús, con doce años, visita el Templo en Jerusalén.
14 d.C.	Tiberio se convierte en Emperador de Roma (hasta su muerte en el año 37 d.C.)
25 d.C.	Caifás sucede a su suegro Anás como sumo sacerdote del Templo en Jerusalén.
26 d.C.	Poncio Pilatos es nombrado prefecto, o gobernador, en Judea.
26 d.C.	Juan Bautista establece su ministerio.
27 d.C.	Jesús expulsa a los prestamistas del Templo.
27 d.C.	Jesús da el Sermón de la Montaña.
29 d.C.	Juan Bautista es decapitado.
Domingo 1 de abril, 30 d.C.	Jesús hace su entrada triunfal en Jerusalén.
Jueves 5 de abril, 30 d.C.	Jesús comparte la cena con sus discípulos.
Viernes 6 de abril, 30 d.C.	Jesús muere crucificado.

EL MONTE DEL TEMPLO

ENTONCES Y AHORA

EL TEMPLE DEL ANTIGUO JERUSALÉN era el centro de la vida judía. El lugar donde se levantaba el templo, el Monte Moria, había sido considerado sagrado desde tiempo atrás por el pueblo judío. Se creía que esté fue el lugar donde Dios recogió polvo para hacer a Adán y a donde Abraham trajo a su hijo Isaac para sacrificarlos.

El primer edificio de este complejo se terminó de construir en el año 957 a.C. bajo la dirección del Rey Salomón. También conocido como el Primer Templo, el Templo de Salomón y los patios que se encontraban a su alrededor, era un lugar de culto así como un lugar para enseñar y aprender. Más importante todavía, era el lugar donde se encontraba el Arca de la Alianza, el recipiente sagrado en cuyo interior se guardaban las tablas de piedra en las que se podía leer los Diez Mandamientos. Esas tablas desaparecieron cuando el Primer templo fue destruido por invasores babilonios en el años 586 a.C.

Setenta años más tarde, se inició en el mismo lugar la construcción de un nuevo santuario, que se concluyó en el año 516 a.C. En el siglo I, el Rey Herodes expandió la estructura y sus terrenos circundantes, alcanzando en total treinta y seis acres. Más de diez mil obreros trabajaron durante veintitrés años, moviendo literalmente el monte, hasta completar la renovación. El resultante complejo del Monte del Templo, llamado el Templo de Herodes o el Segundo Templo, es el lugar que Jesús visitó y donde enseñó. No obstante, los especialistas no conocen su aspecto con exactitud; todo lo que queda de él en pie en el Jerusalén actual es el Muro de las Lamentaciones.

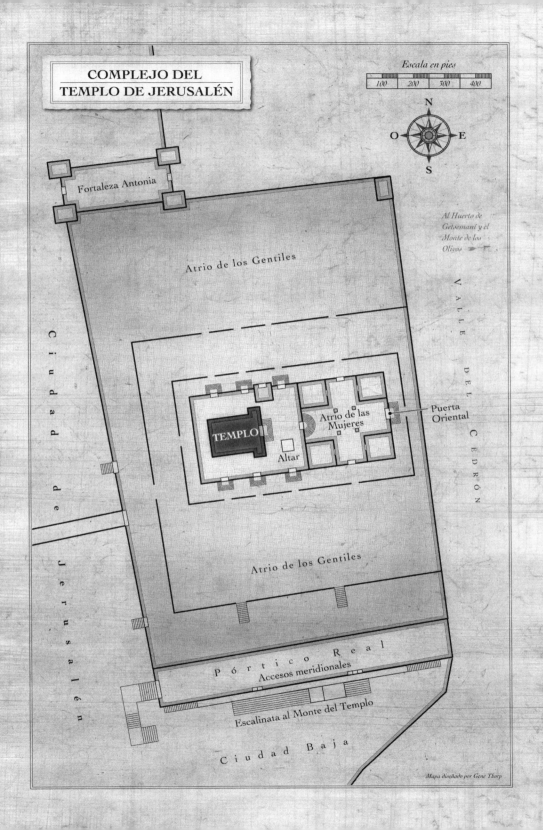

COMPLEJO DEL TEMPLO DE JERUSALÉN

Escala en pies

100 200 300 400

N
O   E
S

Fortaleza Antonia

Atrio de los Gentiles

Al Huerto de Getsemaní y el Monte de los Olivos

V A L L E   D E L   C E D R Ó N

C i u d a d   d e   J e r u s a l é n

TEMPLO

Atrio de las Mujeres

Puerta Oriental

Altar

Atrio de los Gentiles

P ó r t i c o   R e a l

Accesos meridionales

Escalinata al Monte del Templo

C i u d a d   B a j a

Mapa diseñado por Gene Thorp

INFUNDIENDO NUEVA VIDA AL TEMPLO

La maqueta, fotografiada aquí por Geoff Robinson, es una réplica a escala 1:100 del Monte del Templo, construida por el agricultor británico y predicador laico Alec Garrard. A partir de una investigación arqueológica, así como pasajes de la Biblia y artículos en revistas especializadas, el señor Garrar (ya fallecido) construyó una maqueta de doce pies por veinte (3.5 metros por 6) con extrema precisión. También esculpió cuatro mil figuritas de barro de 1.25 centímetros, cociendo, pintando y dando forma a cada una de ellas individualmente.

El complejo del Monte del templo fue diseñado como una serie de patio de tamaño decreciente e importancia creciente que culminaban en el Templo en sí. Puesto que miles, y a veces millones, de visitantes se acercaban al Monte del Templo, la zona que rodeaba al Templo por las dos partes albergaba numerosas tiendas y mercados. Comerciantes de todos los rincones del Imperio Romano instalaban allí puestos e intercambiaban sus mercancías. La parte este de la plataforma era una drástica caída al Valle del Cedrón. La Fortaleza Antonia, una estructura militar para soldados, ocupaba el lado norte.

El Segundo Templo visto desde el sudeste. Unos amplios escalones llevan a las puertas del sur del Monte del Templo.

Subiendo los grandiosos escalones y a través de las puertas del sur se llegaba al Pórtico Real, un enorme porche cubierto. Ciento sesenta y dos pilares sujetaban el pórtico y su segunda planta. Aquí los visitantes se refugiaban del sol y la lluvia. Y aquí era donde los cambiadores de dinero y los prestamistas tenían sus mesas. El Sanedrín se reunía en una habitación en un extremo de este grandioso vestíbulo.

Entre los porches cubiertos y el siguiente anillo de muros se encontraba el Atrio de los Gentiles, llamado así porque para adentrarse más en el Templo, uno tenía que ser judío.

Los comerciantes, la mayoría de ellos controlados por Anás, padre de Caifás, vendían animales para el sacrificio, comida y bebida para los visitantes y otros objetos. La gente también hacía fuego para asar la carne de los animales que ofrecían en sacrificio.

La Puerta de los Puros y Justos estaba en el lado noreste del Atrio de los Gentiles. Solo los judíos podían pasar de aquí a las zonas interiores del Templo. Directamente dentro de las puertas estaba el Atrio de las Mujeres, también llamado el Atrio de la oración. Hasta aquí era donde las mujeres se podían adentrar en el complejo.

Sobre el Atrio de las Mujeres había cuatro enormes lámparas de aceite doradas con cinco ramas. Las mujeres oraban en las balconadas que rodeaban tres lados de este atrio. Los hombres oraban abajo. Los rabinos más importantes enseñaban debajo del pórtico.

En la Festividad de los tabernáculos, unos hombres subían desde la segunda planta por encima del Atrio de las Mujeres a encender las lámparas.

✦ ——————————————————— ✦

La puerta que desde el Atrio de las Mujeres llevaba al interior del Templo estaba rodeada por una elegante escalera desde la que algunas veces predicaban los rabinos. La gente dejaba sus ofrendas y sacrificios sobre los escalones para los sacerdotes. El altar del sacrificio quemado y las puertas del Templo, decoradas con enredaderas doradas, se ven al fondo.

Solo sacerdotes y rabinos podían entrar en el Templo. En el atrio fuera de las puertas del Templo estaba el altar de las ofrendas quemadas y un inmenso caldero de agua. Los animales que se iban a sacrificar se guardaban aquí en corrales. Su sangre se salpicaba en torno al altar. El caldero, que era usado por los sacerdotes para lavarse, se vaciaba y rellenaba todos los días.

El Templo en sí era visitado exclusivamente por los sacerdotes más importantes. En su interior, había lugares para ofrendas rituales, incluyendo un altar de incienso, una mesa para mostrar el pan ante Dios y una lámpara dorada de siete brazos.

En la esquina noroeste del Templo del Monte estaba la Fortaleza Antonia, el cuartel general y habitáculos de los soldados romanos en Jerusalén. Fue inicialmente construido en este monte para proveer un punto con vistas privilegiadas desde el que vigilar la ciudad. El patio de la fortaleza era suficientemente grande como para que se congregara un importante número de legionarios.

Los patios del Templo eran lugares muy concurridos. Desde luego, los peregrinos venían aquí en festividades sagradas para orar durante la liturgia, estudiar el Torá con uno de los muchos profesores, hacer preguntas a especialistas y hacer ofrendas a Dios. Pero el complejo era un lugar de reunión, un punto de encuentro, y una plaza pública donde la gente charlaba, se encontraba con amigos y se refugiaba del calor de la ciudad.

EL MONTE DEL TEMPLO HOY

❖————————————❖

E L TEMPLO DE HERODES FUE DESTRUIDO EN EL AÑO 70 D.C. CUANDO LOS ROMANOS tomaron Jerusalén, aplastando una revuelta judía. Los primeros cristianos construyeron santuarios e iglesias en Jerusalén. En el año 638 d.C., los musulmanes tomaron el lugar donde había estado el Templo. Construyeron la magnífica Cúpula de la Roca entre aproximadamente el 687 d.C. y el 691 d.C. La Cúpula es el monumento islámico más antiguo en el mundo y cubre la roca desde la que se dice que Mahoma ascendió al cielo.

וידבר חנן שמ חיעש אליהו רוצ שופט גבון ותלפתו

טיעעתתתתבח נשפטו בוזי סילג שופטוחס ושעש

יאלרידו נגו ע כבו פלח ובקיע ביריק נבוזרו עינבו לפו

ישאראלי בו אלוכח ✣ ✣ ✣ ✣ ידיוט עוטו בבח חסאתו יאל

תער נבושו שטרטו מוד פה יקוושו לו ובוקישת טעלו אין

ימלו בבצרוו רשעעוק יחוי יטעו עו יאעבו

שור חיבעלות לויווד חנח כוז פובובחו

פעעט שבת יאחוק אסיקחד בשטן חטוב על חריואש

יורדו על חוקן וקו אוחחן שורדי עלפו טירו כבול חירמן

שוורדי עלוד עיורן כרטוד עוה ✣ ✣ ✣ ✣ יעת חבורות עגו

עמקו יעלעק עב ישרוואל

בוקידיר ✣ ✣ ✣ צורו חמלה וידידריח וקוקי ראובבות

חמודיו שא רוצ ברבויה לו בבוצועו חסחו